# LE
# MARI DE LA DÉBUTANTE

## COMÉDIE

Représentée pour la première fois, à Paris, sur le théâtre du PALAIS-ROYAL,
le 7 novembre 1879.

CALMANN LÉVY, ÉDITEUR

# DES MÊMES AUTEURS

FORMAT GRAND IN-18

IMPRIMERIE GÉNÉRALE DE CHATILLON-SUR-SEINE, JEANNE ROBERT

# LE MARI

## DE LA

# DÉBUTANTE

### COMÉDIE EN CINQ ACTES

PAR

## HENRY MEILHAC & LUDOVIC HALÉVY

## PARIS

CALMANN LÉVY, ÉDITEUR

ANCIENNE MAISON MICHEL LÉVY FRÈRES

RUE AUBER, 3, ET BOULEVARD DES ITALIENS, 15

A LA LIBRAIRIE NOUVELLE

1880

# PERSONNAGES

| | | |
|---|---|---|
| M. LE COMTE ESCARBONNIER........ | MM. | GEOFFROY. |
| LAMBERTHIER......................... | | CALVIN. |
| MONDÉSIR............................. | | MONTBARS. |
| BISCARA............................. | | DAUBRAY. |
| LE VICOMTE DE CHAMP-D'AZUR..... | | GUILLEMOT. |
| MARASQUIN........................... | | HYACINTHE. |
| LE RÉGISSEUR........................ | | R. LUGUET. |
| MATHURIN............................ | | PLET. |
| BOQUET.............................. | | TERVIL. |
| RROCART............................. | | PETIT. |
| BOB, groom........................... | | LE PETIT CHARLES. |
| UN MILITAIRE........................ | | X. |
| ANITA................................ | Mmes | MARIE MAGNIER. |
| NINA................................ | | EUGÉNIE LEMERCIE |
| MADAME CAPITAINE................... | | DELILLE. |
| AMANDINE............................ | | DÉZODER. |
| LÉONIE............................. | | CHARVET. |
| LYSCA, femme de chambre d'Anita.......... | | ALICE LAVIGNE. |
| BERTHE | filles de Marasquin | MAROT. |
| AMÉLIE | | BERTHOU. |
| PAULINE | | LOLLY. |
| MARGUERITE | | AYMÉE. |
| CHARLOTTE........................... | | MIETTE. |

A Paris, de nos jours.

---

Toutes les indications sont prises de la gauche du spectateur. — Les changements de position sont indiqués par des renvois au bas des pages.

Pour la mise en scène détaillée, s'adresser à M. LUGUET, régisseur général au théâtre du PALAIS-ROYAL, et pour la musique, à M. BARILLER, chef d'orchestre du théâtre.

# LE
# MARI DE LA DÉBUTANTE

---

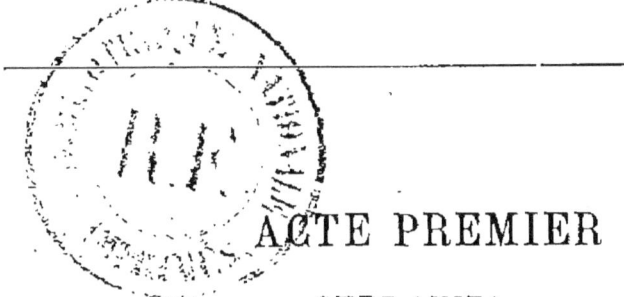

## ACTE PREMIER

### CHEZ ANITA.

Un boudoir très élégamment meublé. — Porte d'entrée au fond. — Porte dans le pan coupé de gauche. — Une cheminée dans le pan coupé de droite. — A gauche, premier plan, un téléphone. — A droite, premier plan, une fenêtre. — Du même côté, un canapé. — A gauche, un fauteuil. — Au milieu de la scène, une petite table, avec le café servi et des liqueurs. — Meubles, sièges, portières, cordons de sonnettes, etc.

---

## SCÈNE PREMIÈRE

### ANITA, LÉONIE, AMANDINE.

Toutes les trois assises autour d'une petite table. — Elles prennent le café.

#### LÉONIE *.

Dis donc, Anita ? (Anita, très absorbée, les coudes sur la table, la tête dans les mains, ne répond pas.) Anita ?

\* Anita, Amandine, Léonie. Anita est assise à gauche de la table, tournant presque le dos au public. — Amandine au-dessus de la table, face au public. — Léonie sur le canapé.

ANITA.

Hé! quoi!

AMANDINE.

Qu'est-ce que tu as? Tu as quelque chose?

ANITA.

Moi! Pas du tout!

LÉONIE.

On te parle, et tu ne réponds pas.

AMANDINE.

Est-ce que ce serait vrai... ce que l'on dit?

ANITA.

Qu'est-ce que l'on dit?

AMANDINE.

Que le vicomte de Champ-d'Azur... et toi... c'est fini !... Qu'il est amoureux fou d'une grisette !

ANITA.

Qui est-ce qui dit ça?

AMANDINE.

Est-ce qu'on sait?... tout le monde et personne !

ANITA.

Il n'y a pas un mot de vrai... Jamais le vicomte de Champ-d'Azur ne m'a autant aimée. Et, jamais, en revanche, je ne me suis moins souciée du vicomte de Champ-d'Azur ! Buvons !

Elle prend un carafon.

LÉONIE, se levant.

C'est de ton rhum blanc?

ANITA.

Oui.

LÉONIE, *posant sa tasse sur la table.*

Il est bon.

ANITA. *Elle verse, il ne reste presque rien dans la bouteille.*

Il est bon, mais il n'y en a guère. Sonne donc, Léonie. (A Amandine *pendant que Léonie va sonner.*) Tu ne te rappelles pas?... Par qui as-tu entendu dire?...

AMANDINE.

Dire quoi?

ANITA.

Que le vicomte et moi, c'était fini...

AMANDINE.

Je ne suis pas sûre de l'avoir entendu dire... J'aurai peut-être lu ça dans *La Vie Parisienne*.

*Léonie est revenue s'asseoir. — Entre par le fond Lysca, la femme de chambre.*

ANITA.

Apportez-nous une bouteille de rhum blanc...

LYSCA *.

Du rhum blanc, madame?

ANITA.

Oui.

LYSCA.

Il n'y en a plus, de rhum blanc.

ANITA.

Il paraît qu'il est bon, décidément... M. Biscara n'est pas venu?

LYSCA.

Non, madame. Si M. Biscara était venu, je l'aurais

_____
* Anita, Lysca, Amandine, Léonie.

fait entrer tout de suite, comme madame me l'a recommandé.

ANITA.

C'est bien.

LYSCA, après une fausse sortie.

Madame en fera revenir, du rhum blanc ?

ANITA.

Oui, Lysca, oui, n'ayez pas peur. J'en ferai revenir. (Lysca sort.) Avec tout ça, nous voilà toutes les trois en face d'un unique petit verre. Qui le boira ?

LÉONIE.

Toi, donc ! Nous n'avons pas la prétention de lutter avec un premier sujet...

AMANDINE.

Avec l'étoile qui, deux cents fois de suite, a fait salle comble en jouant aux « Folies amoureuses, » le rôle de la petite Poularde...

ANITA.

Tenez, si vous voulez, nous allons chacune raconter un des tours que nous avons joués aux hommes... Celle qui racontera la meilleure histoire aura le petit verre...

AMANDINE.

C'est une idée, ça !

ANITA.

Cela vous va ?... Alors... commence, Léonie...

LÉONIE.

Que je commence ?...

ANITA.

Tu ne veux pas ?

LÉONIE.

Si fait, je veux bien. Il y a quelque temps, je me trouvais, par hasard, avoir deux adorateurs, dont l'un avait le droit d'entrer chez moi à toute heure...

AMANDINE.

Du jour?

. LÉONIE.

Oui. J'étais tout justement avec l'autre quand arriva celui qui avait le droit... l'autre s'esquiva, mais il oublia son paletot, qui resta là sur un fauteuil. Qu'est-ce que c'est que ça? me dit le maître. Je me souvins qu'heureusement j'avais fait au maître des observations sur sa toilette, qui me paraissait négligée. Ça, lui dis-je, c'est un paletot que j'ai fait faire pour vous, afin que vous soyez mieux mis. Et quand il s'en alla, je le forçai à endosser le paletot.

ANITA.

Et il l'endossa?

LÉONIE.

En me remerçiant ; et le paletot était deux fois trop grand pour lui. Tout le monde se retournait.

ANITA.

Et c'est de là que vient l'invention des gâteuses... L'histoire n'est pas mal, et mérite au moins une médaille d'encouragement ; mais je pense qu'Amandine aura mieux. A toi, Amandine.

AMANDINE.

En face de mon appartement il y a une place de fiacres, et tous les jours mon adorateur en chef venait, pendant une grande heure, se cacher dans un de ces fiacres afin de m'espionner. Voici ce que j'imaginai pour le guérir de cette fâcheuse manie... Un jour qu'il y avait à la station une vingtaine de voitures, je les louai toutes, pour toute l'après-midi, et dans chaque voiture, je mis un créancier à moi, ou une créancière... Quand mon jaloux arriva, il se trouva d'abord en face de ma couturière qui lui tendit sa note. Il voulut prendre la voiture à côté... c'était la lingère, puis la modiste, puis le tapissier, etc., etc... Ça lui coûta une trentaine de mille francs, plus une douzaine de louis pour la location des vingt fiacres!

ANITA, tendant le verre à Amandine.

Tiens...

AMANDINE.

Oh! raconte d'abord. Nous verrons après...

ANITA.

Oh! moi! Vous savez que je ne m'occupe plus guère de ces choses-là! je suis sérieuse maintenant; mais enfin, dans le temps où je m'en occupais encore, je me souviens que, moi aussi, je me trouvais, par hasard, avoir deux adorateurs. J'avais daigné me laisser offrir par le premier, un hôtel : c'est celui dans lequel nous avons le plaisir de déjeuner maintenant. Quant à l'autre, mon second adorateur, il me suppliait chaque trimestre d'accepter ce qu'il fallait, pour payer le loyer de cet hôtel qui m'appartenait, et, chaque trimestre, moi, je lui racontais que mon propriétaire m'avait augmentée. (On sonne.) Ah! l'on vient de sonner, c'est Biscara, sans doute.

Elle se lève.

LÉONIE, bas, se levant.

Ah çà! pourquoi donc attend-elle Biscara avec tant d'impatience?

AMANDINE, se levant.

Sais pas.

Entre Lysca.

ANITA *. très vivement

C'est M. Biscara?

* Anita, Lysca, Amandine, Léonie.

LYSCA.

Non, madame, c'est le directeur, M. Mondésir.

ANITA.

Ah! eh bien, faites-le entrer, ce cher directeur! faites-le entrer.

Entre Mondésir. — Lysca sort.

# SCÈNE II

LES MÊMES, MONDÉSIR.

MONDÉSIR *.

Bonjour, Anita !

ANITA.

Bonjour!

LÉONIE.

Bonjour, notre directeur !

MONDÉSIR.

Bonjour, mes enfants. Vous savez que vous avez un raccord à une heure, toutes les deux.

AMANDINE.

Nous savons, nous savons!

MONDÉSIR, regardant le petit verre.

Qu'est-ce que c'est que ça? Du rhum blanc?

ANITA.

Oui. Vous l'aimez?

MONDÉSIR.

Je l'adore.

Il boit.

* Anita, Mondésir, Amandine. Léonie.

ANITA.

Eh bien, à la bonne heure. Voilà qui tranche la question.

MONDÉSIR, descendant.

Quelle question ?

AMANDINE.

Faut pas le dire... ce n'est pas là une affaire de direction...

Lysca et le groom entrent, rangent les sièges à gauche et la table au fond, à droite, puis sortent.

ANITA.

Asseyez-vous, mon directeur.. Voulez-vous une grappe de raisin? Voulez-vous du café?

MONDÉSIR.

Oh! non! je ne reste pas! Je viens en courant vous demander un service. Vous connaissez le prince russe qui vient d'arriver à Paris?

AMANDINE.

Le prince Titi Laritoff?

MONDÉSIR.

Oui; vous le connaissez?

ANITA.

Certainement, je le connais.

MONDÉSIR.

Dès que j'ai su qu'il était arrivé à Paris, l'idée m'est venue de parler de lui, à propos de la *Petite Poularde*.

LÉONIE.

Elle va bien la *Petite Poularde*? Toujours cinq mille?

MONDÉSIR.

Oui, toujours... mais ça ne fait rien. Il n'y a pas de mal à réchauffer l'attention du public. Alors, j'avais pensé au prince Titi Laritoff. Dire qu'il avait assisté à la 227ᵉ représentation ça ne suffirait pas!

ANITA.

Ce serait maigre !

MONDÉSIR.

Il faudrait encadrer ça dans une petite historiette... quelque chose comme ceci, je suppose : Un spectateur des deuxièmes galeries applaudit à tout bout de champ. La salle crie : A la porte ! Alors, le prince,... car c'est lui,... le prince se lève, se fait connaître, et déclare que, n'ayant trouvé ni avant-scène, ni loge, ni baignoire, ni fauteuil, il n'a pas hésité à accepter une place de claqueur pour applaudir plus tôt la *Petite Poularde.*

AMANDINE.

C'est très bien, ça, c'est très bien.

MONDÉSIR.

N'est-ce pas? C'est moi qui ai trouvé ça!... Seulement, avant de le faire mettre dans les journaux, je désirerais savoir si ça ne sera pas désagréable au prince? Voulez-vous vous charger de le lui demander?

ANITA.

Je le lui demanderai.

MONDÉSIR.

Cette histoire-là ou une autre... comme il voudra. Si même il voulait prendre la peine de rédiger lui-même une petite note...

LÉONIE.

On le dirait.

AMANDINE.

C'est ça qui serait bon !...

1.

MONDÉSIR.

Vous savez qu'il est une heure, vous deux, et que si vous n'avez pas envie d'être fourrées à l'amende...

LÉONIE.

Nous partirons tout à l'heure.

*Elles remontent et mettent leurs manteaux.*

MONDÉSIR.

Et moi, je pars tout de suite. Vous voulez bien vous charger...

ANITA.

Soyez tranquille. (D'une voix indifférente.) Vous n'avez pas rencontré Édouard ?

MONDÉSIR.

Le vicomte ?... Tiens, au fait, il y a plusieurs jours qu'on ne l'a vu au théâtre ! Est-ce qu'il y a quelque chose ?

ANITA.

Non, non, rien du tout.

MONDÉSIR.

A la bonne heure. Adieu, alors. On m'attend à la préfecture de la Seine. Adieu, mes comédiennes !

*Il remonte.*

AMANDINE.

Qu'est-ce que vous avez à faire à la préfecture de la Seine ?

MONDÉSIR, revenant en scène.

Ah ! c'est qu'il est question de me nommer...

ANITA.

Quoi donc ?

MONDÉSIR.

Je ne peux pas encore dire... tant que je ne serai pas

sûr... Ah ! c'est avec ça qu'on ferait une jolie note pour la *Petite Poularde*. Allons, adieu... Adieu.

Il sort par le fond.

## SCÈNE III

ANITA, AMANDINE, LÉONIE, puis BISCARA.

LÉONIE *.

Nous partons aussi, nous. Adieu, Anita !

ANITA.

Adieu !

AMANDINE.

A ce soir.

ANITA.

. Oui, à ce soir. Il me semble qu'une voiture vient de s'arrêter ?

AMANDINE, regardant à la fenêtre.

Oui. C'est celle de Biscara.

ANITA, à part.

Enfin !... (Haut.) Adieu... dépêchez-vous. Ne vous faites pas mettre à l'amende.

LÉONIE.

Tu es bien pressée de nous renvoyer!

ANITA.

C'est que j'ai à causer avec Biscara de choses sérieuses, très sérieuses... (Entre Biscara.) Eh bien ?

* Anita, Léonie, Amandine.

BISCARA, bas *.

J'ai fait ce que vous m'aviez demandé. J'ai suivi le vicomte pendant deux jours...

ANITA, à Léonie et à Amandine **.

Adieu, je vous ai dit.

AMANDINE.

Tu nous laisseras bien le temps de dire bonjour à la Bisque?

BISCARA.

Sont-elles gentilles !... Bonjour, les bébés, bonjour !

LÉONIE ***.

Dites donc, la Bisque ?

BISCARA.

Hé !

LÉONIE.

J'ai vu, ce matin au bois, deux chevaux dont j'aurais bien envie...

BISCARA.

Vous les aurez demain à une heure...

AMANDINE.

Dites donc, la Bisque... j'ai vu hier, boulevard Malesherbes, un amour de petit hôtel...

BISCARA.

Vous l'aurez demain à deux heures et demie...

AMANDINE.

Bien vrai, tout ça?

* Anita, Biscara, Léonie, Amandine.
** Biscara, Anita, Léonie, Amandine.
*** Léonie, Biscara, Anita, Amandine.

BISCARA.

Bien vrai.

LÉONIE.

Nous verrons bien. Adieu, Anita!

AMANDINE.

Adieu, la Bisque, adieu, la grosse Bisque.

*Elles sortent par le fond.*

# SCÈNE IV

## BISCARA, ANITA.

ANITA *.

Nous sommes seuls. Parlez !

BISCARA.

Vous serez calme ?

ANITA.

Je ne crois pas; mais ça ne fait rien. Ce que l'on dit, est-ce vrai ?

BISCARA.

Oui.

ANITA.

Le vicomte me trompe ?

BISCARA.

En plein !

ANITA.

Ah !

\* Biscara, Anita.

BISCARA.

Anita !

ANITA.

Laissez-moi. (Elle va au téléphone et pousse un bouton. — Un instant après on entend une sonnerie *.) Mettez-moi en communication avec le vicomte de Champ-d'Azur.

Au bout d'un instant on entend une voix.

LA VOIX.

C'est fait !

ANITA, parlant dans l'appareil.

Venez !

On entend la voix de Champ-d'Azur.

LA VOIX DU VICOMTE.

Qui est-ce qui me parle ?

ANITA.

Moi, Anita. Venez tout de suite.

LA VOIX DU VICOMTE.

Je viens. Je serai chez vous dans vingt minutes.

Anita quitte le téléphone.

BISCARA.

Vous avez fait installer un téléphone chez vous ?

ANITA.

Oui.

Elle s'assied sur le fauteuil.

BISCARA.

Vous avez bien fait. Ça doit être très commode... dans le cas, je suppose, où... et puis encore dans le cas... Enfin, ce doit être très commode pour une foule de raisons...

* Anita, Biscara.

ANITA.

Maintenant, les détails... Vous m'avez dit que vous l'aviez suivi pendant deux jours...

BISCARA.

Oui; mais d'abord vous me permettrez de vous faire observer combien il devait être pénible pour un homme qui vous adore... car enfin je vous adore... combien il devait m'être pénible de m'occuper... Enfin, j'espère bien que vous me récompenserez... Avant-hier donc, je m'étais installé en face de la maison qu'habite le vicomte... rue Bassano. Et, afin qu'il ne me reconnût pas, j'avais pris un déguisement.

ANITA.

Vous aviez bien fait.

BISCARA.

Je m'étais déguisé en commissionnaire. J'étais fort bien. La preuve que j'étais fort bien, c'est qu'on m'a tout de suite donné une lettre à porter... un petit jeune homme très élégant. Il m'a dit : Voici une lettre, portez-la. Dans une heure je viendrai vous demander la réponse. Et il me donna vingt sous. Je regarde l'adresse... la lettre était justement adressée à mademoiselle Rita... une jeune personne qui est très gentille, et que j'adore. Dame, puisque vous ne voulez pas m'adorer, vous, il faut bien... L'idée m'était venue quelquefois que Rita pouvait me tromper. Je me dis : Nous allons bien voir. Je porte la lettre, on ne me reconnaît pas, et c'est Rita elle-même qui m'apporte la réponse. Oui, oui, qu'il vienne! qu'il vienne tout de suite. Et elle me donne cent sous! J'étais fixé! Rita me trompait... les cent sous surtout, ça prouvait bien... cent sous et vingt sous, ça me faisait six francs... (S'asseyant près d'elle.) Et il y a des gens qui prétendent qu'il est difficile de gagner de l'argent à Paris! Je prends les cent sous, et je retourne à mon poste. Malheureusement, pendant que je portais la lettre, le vicomte était parti.

ANITA.

Parti?

BISCARA.

Et je n'ai pas pu le rattraper... De sorte que, ce jour-là, il m'a été impossible de rien savoir!

ANITA.

Oh! écoutez, Biscara... J'en connais des bêtes... Oh! oui, j'en connais! Mais je ne crois pas qu'il soit possible de l'être plus...

BISCARA.

Oh! que si! il y en a... La preuve que je ne suis pas si bête que ça, c'est que lorsque le petit jeune homme est revenu pour avoir sa réponse, je lui ai dit que Rita l'attendait à Angoulême... Il a dû prendre le chemin de fer.

Il se lève.

ANITA, exaspérée, se levant.

Mais le vicomte, le vicomte...

BISCARA.

Nous y arrivons... et je crois pouvoir vous assurer que vous allez être contente. Le lendemain, c'était hier, je me remis en faction sous ses fenêtres... toujours déguisé en commissionnaire... J'étais encore mieux que la veille; la preuve que j'étais encore mieux, c'est qu'au lieu de me donner une lettre à porter, on m'en donna une dizaine. Mais cette fois je ne bougeai pas. Je mis les lettres dans ma poche. Ah! à propos...

● Il va sonner à la cheminée.

ANITA, passant à droite.

Eh bien, qu'est-ce qu'il vous prend?

Entre Lysca par le pan coupé de gauche.

BISCARA, lui donnant un paquet de lettres *.

Ayez la bonté de faire mettre tout ça à la poste.

LYSCA.

Oui, monsieur.

Elle sort. — Anita s'est assise sur le canapé.

BISCARA **.

Ce sont les lettres que l'on m'a données à porter. Je les oublie depuis hier... Ne vous fâchez pas, nous y sommes... Vers cinq heures je vois arriver un de ces immenses landaus de louage, vous savez, de ces voitures antédiluviennes dont on se sert pour les noces. Le vicomte descend, s'installe dans le landau, et le landau s'en va. Je me dis : Tiens, est-ce qu'il va se marier?

ANITA, bondissant.

Se marier?

BISCARA.

Non. Ce n'était pas ça! Je monte, moi, dans un coupé... toujours en commissionnaire. J'avais un chic énorme; je monte dans un coupé, et j'ordonne au cocher de suivre le landau.

ANITA.

Très bien ça, très bien...

BISCARA.

Nous arrivons rue Milton, au coin de la rue Lamartine... vous pourriez croire, étant donné ces deux noms, que ce quartier est... poétique? Non, il est très laid. Le vicomte entre dans une maison assez vilaine. Je renvoie ma voiture, et, sans en avoir l'air, je me mets à tourner autour du landau. (Avec mystère.) Mon objectif, je puis bien vous avouer cela, à vous, mon objectif était de causer avec le cocher.

* Lysca, Biscara, Anita.
** Biscara, Anita.

ANITA.

De mieux en mieux. Continuez, mon petit Biscara, continuez.

BISCARA.

Je ne savais trop comment m'y prendre... quand tout d'un coup c'est ce cocher qui m'interpelle lui-même. — Eh bien, ma pauvre vieille, te voilà donc tombé dans la débine? V'là ce que c'est que d'aimer trop les petites femmes!... Tant de familiarité m'étonne. Je regarde le cocher et je le reconnais. C'était Jean, un ancien domestique à moi!... Y en a-t-il de ces hasards?

ANITA.

La vie en est une suite.

BISCARA.

Comme c'est vrai ce que vous dites là! Entrer avec Jean chez le marchand de vins, le décider à me céder son chapeau de cocher, sa houppelande, sa voiture et ses chevaux... tout cela fut l'affaire... d'une bonne demi-heure, car il ne se décida pas tout de suite. Mais enfin il se décida. J'endossai sa défroque, je m'installai sur le siège, et j'attendis...

ANITA.

Ah! comme je vous aime, mon petit Biscara! Comme je vous aime! Qui est-ce qui a donc dit que vous étiez une bête?

BISCARA.

C'est vous!

ANITA.

Je le retire.

BISCARA.

A peine étais-je installé sur le siège, que le vicomte sortit de la maison. Il était accompagné d'une jeune personne...

ANITA.

Jolie?

BISCARA.

Serez-vous gentille si je vous le dis?

ANITA, tendre.

Oui, dis...

BISCARA.

Elle était charmante.

ANITA, sèchement.

Continuez!

BISCARA.

Voilà bien les femmes!... elles vous promettent d'être gentilles, et puis... Cette jeune personne était accompagnée d'une dame moins jeune et suffisamment volumineuse, que le vicomte se plaisait à appeler maman Capitaine. Il les fit monter toutes les deux dans la voiture, et monta derrière elles. Où allons-nous, bourgeois? — c'est moi qui parle. — A la salle des familles, cité Berryer. — c'est le vicomte. — Où c'est-y la cité Berryer? — c'est encore moi. — Près de la Madeleine, imbécile! — Ça, c'est maman Capitaine. — Marchez donc, cocher, marchez donc!... Je marche, et alors commence un voyage, oh! mais un voyage!... Certainement, je sais conduire, je conduis même très bien. Mais, hier, qu'est-ce que vous voulez? je n'étais pas en train. J'accroche à droite, j'accroche à gauche... les gardiens de la paix me crient de loin des mots que je n'entends pas; les cochers m'en crient d'autres que j'entends très bien. Je me trompe de route. Le vicomte m'envoie des coups de canne par la portière. Pas par là, donc!... pas par là! Je repars; j'accroche de plus belle, je manque de verser sur tous les refuges que je rencontre... Oh! les refuges!... Enfin, j'y arrive à cette malheureuse cité Berryer... Mes pratiques descendent. Le vicomte est pâle de fureur, maman Capitaine est cra-

moisie d'indignation... la jeune personne est à moitié éva-
nouie... la sortie de bal qui l'enveloppait s'est un peu dé-
rangée, et je m'aperçois que, sous cette sortie de bal, elle
porte un costume à peu près pareil à celui que vous avez
vous-même dans la *Petite Poularde*.

ANITA.

Un costume pareil au mien?... Qu'est-ce que cela veut
dire?

BISCARA.

Je n'en savais rien, mais j'ai voulu le savoir, et moi aussi
je suis entré dans la salle des familles. On y donnait, au
bénéfice des piqueuses de bottines sans ouvrage, une représentation de la *Petite Poularde*, et c'est la jeune personne qui
jouait votre rôle.

ANITA.

Oh!

BISCARA.

Elle s'appelle Antoinette Brunet... J'ai fait bavarder un
lot de piqueuses de bottines, et je sais tout maintenant. Elle
s'appelle Antoinette Brunet. Il l'adore depuis un mois,
mais il n'a pas encore obtenu ça!... Elle espère l'amener au
mariage... Cependant, à tout hasard, elle mijote un autre
amoureux... un nommé Lamberthier, qui est employé dans
je ne sais quelle maison de banque.

ANITA.

Vraiment, il l'adore?

BISCARA.

Oui.

ANITA.

Vous en êtes sûr?

BISCARA.

Oh! il suffisait de le voir la regarder pendant qu'elle chantait!

ANITA, allant à la fenêtre.

Il avait dit qu'il serait ici dans vingt minutes, comment se
fait-il qu'il ne soit pas arrivé?

BISCARA, la suivant.

Il aura peut-être encore trouvé un cocher...

ANITA, passant à gauche.

Oh!

BISCARA, la suivant toujours *.

Et puis, je ne suis pas fâché, moi, qu'il ne soit pas là.
(Tendrement.) Anita!

ANITA.

Eh bien?

BISCARA.

J'ai fait ce que vous m'avez ordonné. Si nous parlions de
la récompense?

ANITA.

La récompense?

BISCARA.

Oui.

ANITA.

Comment, vous osez venir me parler, quand vous me
voyez toute frémissante.

BISCARA.

C'est pour ça!

ANITA.

Laissez-moi seule. Allez vous-en!

BISCARA.

Plaît-il?

* Anita, Biscara.

ANITA.

Est-ce que vous ne m'avéz pas entendue! Je vous dis de me laisser.

*Elle passe à droite.*

BISCARA *.

Oh!

ANITA.

Eh bien?

BISCARA.

Vous me renvoyez décidément?

ANITA.

Oui, je vous renvoie.

*Elle s'assied sur le canapé.*

BISCARA.

Alors, vous permettez? (Il va au téléphone.) Voulez-vous me mettre en communication avec madame?

LA VOIX.

Avec madame qui?...

BISCARA, à part.

C'est que je ne voudrais pas dire le nom. Elle est mariée! Enfin, je vais le dire tout bas...

*Il parle bas dans l'appareil.*

LA VOIX.

Ça y est!

BISCARA, à part.

Le mari est peut-être là. Je vais encore parler bas...

*Le vicomte entre au moment où Biscara parle bas dans le téléphone.*

* Biscara, Anita.

ANITA, voyant le vicomte.

Ah! le voilà!

BISCARA, parlant dans le téléphone.

A quatre heures... ce soir.

Puis il met son oreille contre le téléphone, attendant la réponse.

# SÈCNE V

## LES MÊMES, LE VICOMTE.

LE VICOMTE, à l'oreille de Biscara *.

Oui, mais ce sera cinquante mille francs !

DISCARA.

Hé! Quoi? Ah! c'est vous?... Je me disais aussi : une femme mariée ne peut pas demander... (Écoutant dans le téléphone.) Tiens, si!... Elle en demande soixante mille. Je m'en vais aller voir Rita. Le petit jeune homme ne doit pas encore être revenu d'Angoulême. Adieu, Anita **. Votre serviteur, monsieur.

LE VICOMTE.

Comment, vous ne me donnez pas la main?

BISCARA.

Certainement non, après les coups de canne.

LE VICOMTE.

Hé?

BISCARA.

Non, non, je me trompais, ce n'est pas vous,... c'est un autre. Adieu, vicomte, adieu, Anita.

Il sort par le fond.

* Biscara, le vicomte, Anita.
** Le vicomte, Biscara, Anita.

## SCÈNE VI

### ANITA, LE VICOMTE.

ANITA, toujours assise *.

Vous êtes de bonne humeur, il me semble?

LE VICOMTE.

Mais oui.

ANITA.

Ça se trouve très bien. Je suis très gaie, moi aussi.

LE VICOMTE.

Voici, je pense, quelque chose qui ne vous ôtera pas votre gaieté.

Il lui donne un écrin.

ANITA.

Qu'est-ce que c'est que cela? des boucles d'oreilles?

LE VICOMTE.

Oui.

ANITA.

Elles sont superbes!

LE VICOMTE.

Vous m'avez ordonné de venir chez vous. Vous avez quelque chose à me dire?

ANITA.

Moi, non. J'avais envie de vous voir, voilà tout. Il y a quelque temps que je n'avais eu le plaisir... Oh! c'est tout simple, vous aurez été occupé...

* Le vicomte, Anita.

LE VICOMTE.

En effet!

ANITA.

Alors, il est tout naturel... mais enfin, comme il y avait quelque temps que je ne vous avais vu... j'ai voulu vous voir... mais, venez donc vous asseoir. Vous restez là debout comme si vous étiez sur le point de partir... Vous ne comptez pas sans doute me quitter si vite?

LE VICOMTE.

Non, certainement.

ANITA.

Asseyez-vous, alors. (Lui faisant une place près d'elle.) Allons, asseyez-vous. (Il s'assied.) Édouard!...

LE VICOMTE.

Anita!

ANITA.

Vous rappelez-vous comment vous m'avez fait votre première déclaration?

LE VICOMTE.

Ma première déclaration?

ANITA.

Oui.

LE VICOMTE.

C'était au bois, il me semble...

ANITA.

Oui, c'était au bois. Vous vous promeniez à pied... ma voiture passa près de vous... elle était lancée au grand trot. Tout à coup, sans que ma voiture s'arrêtât, la portière s'ouvrit. Vous étiez près de moi, me jurant que vous m'aimiez!

LE VICOMTE.

Et c'était bien vrai!

2

ANITA.

Et pour me le dire, vous aviez risqué de vous casser...

LE VICOMTE.

Ah! vous savez : au collège, tous les ans, j'avais le prix de gymnastique.

ANITA, tendrement.

Ce que vous avez fait ce jour-là, le feriez-vous encore?

LE VICOMTE.

Oh!

ANITA.

Seriez-vous encore, pour moi, capable de sauter?

LE VICOMTE.

Il y a trois ou quatre ans de cela... peut-être aurais-je peur maintenant d'être moins souple!

ANITA, se levant brusquement et passant.

Moins souple, vraiment? Vous auriez peur maintenant d'être moins souple?

LE VICOMTE, se levant *.

Anita!

ANITA.

Elles sont très belles vos boucles d'oreilles. Elles ont dû coûter cher.

LE VICOMTE.

Oh! je ne sais pas!...

ANITA.

Mais, moi, je le sais. Je les ai vues hier rue de la Paix, et par curiosité j'en ai demandé le prix. Elles valent cinquante mille francs! Comment s'appelle donc la pièce?... nous

---

* Anita, le vicomte.

l'avons vue ensemble... la pièce où deux amants conviennent, le jour où ils en auront plein le dos l'un de l'autre, de se rapporter une moitié de sequin ?

LE VICOMTE.

*Mademoiselle de Belle-Isle.*

ANITA.

Vous êtes plus généreux que ça, vous ! ce n'est pas une moitié de sequin que vous apportez... c'est une paire de boucles d'oreilles... de cinquante mille francs ! Vous aurez pensé que c'était le meilleur moyen de faire passer la pilule... Je ne dis pas que vous ayez eu tort...

LE VICOMTE.

Anita !

ANITA.

Vous voyez que je suis gentille ! Vous ne saviez comment me dire que vous ne m'aimiez plus ! Je vous épargne la peine...

LE VICOMTE.

Anita !

ANITA.

Édouard !

LE VICOMTE.

Ai-je besoin d'ajouter que vous pourrez toujours compter...

ANITA.

Sur quoi ? Sur votre dévouement... sur votre considération distinguée avec laquelle vous aurez l'honneur d'être... (S'asseyant sur le fauteuil.) Vous avez bien raison après tout : Ni jamais, ni toujours, comme dit la chanson. Moi-même, si l'on m'avait dit il y a trois ans que je permettrais à un autre que vous de me parler d'amour, je ne l'aurais pas cru, et cependant...

LE VICOMTE, se rapprochant d'elle.

Cependant...

ANITA.

Le petit Raoul de Méran...

LE VICOMTE.

Ah bah !

ANITA.

Qu'est-ce que vous en pensez, vous, du petit Raoul de Méran ?

LE VICOMTE.

Il est gentil.

ANITA.

N'est-ce pas ?

LE VICOMTE.

Très gentil, très gentil !

ANITA.

Alors, vous croyez que ?...

LE VICOMTE.

Dame !

ANITA.

Vraiment?

LE VICOMTE.

Il me semble.

ANITA.

Merci. (Se levant.) Et vous, celle que vous aimez ? Elle est gentille, très gentille ?

LE VICOMTE.

Oh !

ANITA.

Si fait, on me l'a dit.

LE VICOMTE.

Qui ça ?

ANITA.

Un cocher.

LE VICOMTE.

Ah !

ANITA.

Elle chante, il paraît ?

LE VICOMTE.

Un peu.

ANITA.

Assez pour jouer mon rôle au théâtre des familles.

LE VICOMTE.

Qui est-ce qui a pu vous raconter ?

ANITA.

Un cocher, je vous dis.

LE VICOMTE.

Mais, quel cocher ?

ANITA.

Un cocher que vous ne connaissez pas... Est-ce qu'elle se destine au théâtre ?

LE VICOMTE.

Qui ça?

ANITA.

Mademoiselle Antoinette Brunet !

2.

LE VICOMTE.

Vous savez son nom ?

ANITA.

Oui.

LE VICOMTE.

Toujours le cocher ?

ANITA.

Toujours. Elle s'y destine, n'est-ce pas ?

LE VICOMTE.

A quoi ?

ANITA.

Au théâtre ?

LE VICOMTE.

Non; pas pour le moment.

ANITA.

Ah ! c'est fâcheux ! Adieu, mon ami.

LE VICOMTE.

Vous me renvoyez ?

ANITA.

Dame ! puisque nous rompons ! Le mieux est de rompre
en gens d'esprit. (En riant.) Comme dans *Mademoiselle de
Belle-Isle.* (Riant d'un rire saccadé, mécanique.) Ah ! ah ! ah ! ah !
Vous voyez, moi, je ris. Ah ! ah ! ah ! ah ! (Très froidement.)
Adieu !

LE VICOMTE, un peu inquiet.

Adieu, alors !

ANITA.

Adieu !

LE VICOMTE, résolûment.

Adieu !

Au moment où il va sortir, Anita se jette entre la porte et lui.

ANITA.

Restez là.

LE VICOMTE.

Hein ?

ANITA.

Restez là. Vous ne sortirez pas.

LE VICOMTE.

Oh ! quant à çà !...

ANITA.

Vous ne sortirez pas, je vous dis. Et quant à vos boucles d'oreilles...

Elle les jette à la volée dans la chambre.

LE VICOMTE.

Ah çà ! mais, Anita...

ANITA, l'obligeant à s'asseoir violemment.

Asseyez-vous. Je vous avertis que si vous sortez, je vous suivrai comme ça dans la rue. Asseyez-vous.

LE VICOMTE.

Ah !

ANITA.

Nous quitter ? Ah ! ah ! ah ! (S'asseyant de l'autre côté de la scène.) Ne bougez pas, ne parlez pas. Nous resterons comme ça, toujours, toujours !

Entre Mondésir.

## SCÈNE VII

### Les Mêmes, MONDÉSIR.

MONDÉSIR, entrant par le fond *.

Me voilà, moi. (Il prend une chaise et se place au milieu d'eux.) Bonjour, vicomte. Je suis enchanté de vous trouver ici. L'on m'avait dit qu'il y avait quelque chose entre vous deux. Il n'y a rien, n'est-ce pas ? (A part en les observant.) Tiens, si, on dirait qu'il y a... (Continuant d'un air embarrassé.) J'arrive de la Préfecture de la Seine. Vous savez ? je suis nommé !... je suis nommé neuvième adjoint à la mairie de mon arrondissement. C'est très flatteur. Et puis, c'est drôle, n'est-ce pas ?... Un directeur de théâtre... au lieu de présider à des mariages pour rire... (A part.) Il y a quelque chose décidément ! (Parlant d'un air un peu plus embarrassé.) Vous, Anita, vous n'avez pas envie de vous marier, par hasard ? Non, vous ne vous mariez pas, vous ! Vous êtes de l'ancienne école ! (Se levant.) Tiens, le mot est drôle !... l'ancienne école ! On pourrait très bien mettre ce mot-là dans une petite note ! ce n'est pas que nous en ayons besoin ! Toujours cinq mille ! Vous savez, toujours cinq mille ! Adieu ! Vous étiez en train de causer, ne vous dérangez pas, adieu !

Il sort, face au public, saluant, se cognant, aussi empêtré que possible. Dès qu'il est sorti, Anita se lève et va s'agenouiller près du vicomte.

## SCÈNE VIII

### ANITA, LE VICOMTE.

ANITA **.

Édouard !

* Anita, Mondésir, le vicomte.
** Anita, le vicomte.

LE VICOMTE.

Eh bien ?

ANITA.

Cela n'est pas vrai, n'est-ce pas ? Tu ne veux pas me quitter ? Tu m'aimes toujours ?

LE VICOMTE, se relevant.

Écoutez-moi, Anita. En venant ici, je m'attendais à une explication... orageuse... Cette explication a eu lieu ; il me paraît inutile, maintenant...

ANITA.

C'est fini, alors ?

LE VICOMTE.

Oui, c'est fini !

ANITA.

Ah !

LE VICOMTE.

Voyons...

ANITA.

Tu ne veux pas revenir ?

LE VICOMTE.

Non, je ne veux pas !

ANITA, avec emportement.

Ah ! que vous avez bien fait de me répondre que vous ne vouliez pas ! Avec quel plaisir, si vous m'aviez répondu que vous vouliez encore, avec quel plaisir je vous aurais répondu, moi, que je ne voulais plus... avec quel plaisir je vous aurais chassé, mis à la porte !

LE VICOMTE.

J'ai bien fait, alors ?

ANITA.

Oh ! oui, vous avez bien fait !

LE VICOMTE.

Je m'en vais, n'est-ce pas ? Nous finirions par nous dire des choses désagréables...

ANITA.

Oui, oui, allez-vous-en ! (Tombant à moitié pâmée dans un fauteuil.) Allez-vous-en tout de suite, si vous ne voulez pas que je meure. Allez-vous-en !... allez-vous-en !

LE VICOMTE.

Je m'en vais.

Dès qu'il est parti, Anita se relève, elle regarde un peu autour d'elle, puis elle sonne. Entre Lysca par le fond.

ANITA *.

Il doit y avoir quelque part... sur le tapis, deux boucles d'oreilles... Vous les chercherez.

LYSCA.

Oui, madame.

Anita rentre dans sa chambre, pan coupé de gauche.

# SCÈNE IX

## LYSCA, seule.

Elle regarde autour d'elle pour être bien sûre d'être seule, puis elle s'approche du téléphone et donne le signal. On lui répond.

LYSCA.

Mettez-moi en communication avec la caserne du Château d'Eau.

Elle écoute dans le téléphone ; on entend une trompette sonner une marche de cavalerie.

* Lysca, Anita.

# ACTE DEUXIÈME

Un petit salon. — Porte d'entrée au fond. — Portes dans les pans coupés. — A droite, premier plan, un piano. — Au dessus du piano, une table à jeu sur laquelle se trouvent deux flambeaux. — Au fond, du même côté, un secrétaire. — A gauche, premier plan, une cheminée avec deux lampes allumées. — Au fond, du même côté, un buffet. — A droite, un fauteuil près duquel se trouve un petit tabouret de pied. — A gauche, un guéridon avec quatre chaises autour; — sirops, assiettes de gâteaux et tout ce qu'il faut pour prendre le thé sur le buffet. — Cordon de sonnette à la cheminée. — Chaises, etc.

---

## SCÈNE PREMIÈRE

**MADAME CAPITAINE, NINA,** en déshabillé. — Elles sont
assises près du guéridon.

MADAME CAPITAINE, arrangeant des petits fours dans une assiette*.

Tu veux que je te réponde?

* Madame Capitaine, Nina.

1

NINA, travaillant à une broderie.

Dame, oui, marraine... je t'adresse une question, c'est pour avoir une réponse...

MADAME CAPITAINE.

Naturellement... Et tu me demandes?... Répète un peu, voyons...

NINA.

Je te demande si je ferais bien d'épouser M. Lamberthier...

MADAME CAPITAINE.

Tu feras très bien. — Lamberthier est un brave garçon, très gai, très bon enfant... De plus il a une bonne position, il est employé à la société des comptes aléatoires... et il ne peut manquer d'aller loin, honoré comme il l'est de la protection du sous-directeur, M. le comte Escarbonnier.

Elle se lève et va porter l'assiette sur le buffet.

NINA.

Je sais bien, mais je ne l'aime pas.

MADAME CAPITAINE.

Et tu en aimes un autre?...

NINA.

Oui...

MADAME CAPITAINE, descendant à droite *.

Le jeune vicomte Édouard de Champ-d'Azur...

NINA, se levant.

Il est si gentil, si aimable, si distingué, si bon musicien...

MADAME CAPITAINE.

Il n'a qu'un seul défaut: Il ne parle pas, il s'obstine à ne pas parler de mariage...

* Nina, madame Capitaine.

NINA, avec mélancolie.

Oh! non... quant à ça...

MADAME CAPITAINE.

C'est très net: il y a deux soupirants en présence... l'un que tu n'aimes pas, et qui te parle de mariage, l'autre qui n'en parle pas, et que tu aimes...

NINA.

Justement.

MADAME CAPITAINE.

Et tu hésites...

NINA.

J'ai tort sans doute...

MADAME CAPITAINE.

Embrasse-moi, Ninette...

NINA.

Je veux bien, marraine...

Elles s'embrassent.

MADAME CAPITAINE.

Ce que c'est que les bonnes idées pourtant ; c'est moi, ta marraine, qui me suis trouvée chargée de ton éducation... Combien je me réjouis de l'avoir bien dirigée cette éducation et de t'avoir fait élever dans tous les sens.

NINA.

Comment ?...

MADAME CAPITAINE.

Eh! oui... tu as pris des leçons de chant, des leçons de déclamation, et j'ose dire que tu en as profité. Tu déclames, tu chantes à ravir...

NINA.

Oh! marraine...

3

MADAME CAPITAINE.

Ne me dis pas non. L'autre jour, à la salle des familles, dans cette représentation donnée au bénéfice des piqueuses de bottines sans ouvrage, tu as joué et chanté les principales scènes de l'opérette qui, en ce moment, fait courir tout Paris.

NINA.

La *Petite Poularde.*

MADAME CAPITAINE.

Oui... Et tu as eu un succès...

NINA.

Vraiment?...

MADAME CAPITAINE.

Ah! ma chère... Voilà pour le côté brillant. Quant au côté solide, j'ai pris soin de t'orner de toutes les vertus que doit avoir une bonne ménagère... Tu fais tes robes toi-même, tu sais recoudre les boutons... et quant à la pâtisserie, tu vous la trousses comme un ange... Donc, je le répète, grâce à la bonne idée que j'ai eue de te faire donner une éducation en partie double, tu peux choisir ta route... femme à la mode ou bourgeoise modeste, tu as tout ce qu'il faut pour briller dans l'une ou l'autre carrière.

NINA.

Et je t'en remercie, marraine, mais de ces deux carrières, laquelle me conseilles-tu de choisir?...

MADAME CAPITAINE.

Laquelle des deux?...

NINA.

Oui...

MADAME CAPITAINE.

Embrasse-moi, Ninette...

NINA.

Je veux bien, marraine.

*Elles s'embrassent.*

MADAME CAPITAINE, passant à gauche *.

Ma conduite à moi, je suis obligée de l'avouer, ma conduite à moi n'a pas été à l'abri de tout reproche...

NINA, voulant l'empêcher de parler.

Oh! marraine!...

MADAME CAPITAINE.

Laisse-moi tout te dire... jusqu'au 25 avril 1846, j'ai mené une existence un peu... (Elle fait claquer ses doigts.) Cette pichenette me dispensera de m'expliquer davantage; le 25 avril 1846, je me suis mariée, j'ai épousé M. Capitaine... A partir de ce jour-là, par exemple, le monde n'a pas eu ça à me reprocher... M. Capitaine, de son vivant, se plaisait à me rendre cette justice... je me trouve donc, moi, avoir connu les deux existences entre lesquelles tu hésites, et je puis te dire ce que j'en pense...

NINA.

Eh bien?

MADAME CAPITAINE.

Elles ont du bon toutes les deux...

NINA.

Me voilà bien avancée...

MADAME CAPITAINE.

S'il fallait absolument pencher d'un côté, je te dirais que, peut-être le mariage... mais non, je ne veux pas t'influencer, choisis toi-même... Entre au théâtre, je serai ton habilleuse et nous boirons du vin de Champagne; si tu aimes mieux te marier, nous boirons de la bière, nous mangerons

* Madame Capitaine Nina.

des marrons, et le soir nous jouerons au loto. (Coup de sonnette.) Qui est-ce qui nous arrive ?

Entre Charlotte par le fond.

## SCÈNE II

### LES MÊMES, CHARLOTTE.

#### CHARLOTTE *.

C'est M. Lamberthier, madame.

#### MADAME CAPITAINE.

Le loto... (A Nina.) Eh bien, qu'est-ce que tu fais?... Tu t'en vas?...

#### NINA.

Je vais mettre un corsage... (En riant.) Je ne peux vraiment pas recevoir...

Elle sort à droite.

#### MADAME CAPITAINE, à elle-même.

C'est juste. Je n'y aurais pas songé, moi. Un petit reste de mon passé, de mon passé d'avant le 25 avril 1846. (A Charlotte.) Va, ma fille, maintenant tu peux faire entrer M. Lamberthier.

Charlotte ouvre la porte du fond. — Entre Lamberthier, Charlotte sort.

* Madame Capitaine, Charlotte, Nina.

## SCÈNE III

### LAMBERTHIER, MADAME CAPITAINE.

LAMBERTHIER *.

Bonsoir, madame Capitaine...

MADAME CAPITAINE.

Bonsoir, mon garçon.

LAMBERTHIER.

Et Nina, la Nina de mon cœur...

MADAME CAPITAINE.

Elle vient de rentrer dans sa chambre...

LAMBERTHIER.

Comment? elle s'en va quand j'arrive?...

MADAME CAPITAINE, avec dignité.

Nous n'étions pas en état de recevoir. Nous n'avions sur nos épaules qu'un léger canezou, et à chaque mouvement un peu brusque...

LAMBERTHIER.

C'est pour ça...

MADAME CAPITAINE.

Mais...

LAMBERTHIER.

Un grand malheur, quand j'aurais par hasard aperçu un petit bout d'épaule...

* Madame Capitaine, Lamberthier.

MADAME CAPITAINE, avec force.

Ne parlez pas comme ça!... Vous ne devez pas, vous, parler comme ça... Vous êtes le loto...

LAMBERTHIER.

Vous dites?...

MADAME CAPITAINE.

Non. Je veux dire que vous venez, vous, pour le bon motif et qu'alors...

LAMBERTHIER.

Mais certainement, je viens pour le bon motif... Et c'est tout justement parce que Nina doit être ma femme que je ne trouve pas qu'il y ait grand mal...

MADAME CAPITAINE.

D'abord ce ne serait pas une raison... au contraire... je me rappelle très bien qu'avant mon mariage, quand M. Capitaine voulait prendre des libertés, je lui disais : Non, pas vous... Vous, c'est pour le bon motif, vous ne devez pas... (Changeant brusquement de conversation.) Et puis, pourquoi dites-vous que Nina sera votre femme?... C'est possible, et même je le souhaite de tout mon cœur, mais, enfin, ça n'est pas sûr, pas sûr du tout...

LAMBERTHIER.

Pas sûr du tout?...

MADAME CAPITAINE.

Mais non...

LAMBERTHIER.

Madame Capitaine...

MADAME CAPITAINE.

Eh bien!...

LAMBERTHIER.

Je vous aime bien, madame Capitaine...

MADAME CAPITAINE.

Moi aussi, mon garçon...

LAMBERTHIER.

Eh! oui, je vous aime bien... mais si jamais il vous arrive de répéter ce que vous venez de dire...

MADAME CAPITAINE, reculant.

Eh là! eh là!...

Entre Nina.

# SCÈNE IV

## LES MÊMES, NINA.

NINA *.

On se dispute...

LAMBERTHIER.

Oh! non...

MADAME CAPITAINE.

Il allait me sauter dessus tout de même.

LAMBERTHIER.

C'était pour rire...

NINA.

A la bonne heure!...

LAMBERTHIER.

Oui, c'était pour rire, et cependant, elle aurait bien mérité... Savez-vous ce qu'elle me disait?...

NINA.

Non, je ne sais pas...

* Madame Capitaine, Lamberthier, Nina.

LAMBERTHIER.

Elle me disait que vous ne seriez peut-être pas ma femme... que cela n'était pas sûr, pas sûr du tout...

NINA, gênée.

Hum...

LAMBERTHIER, suppliant.

Oh !...

MADAME CAPITAINE, triomphante.

Ah !...

Jeu de scène entre les trois personnages.

LAMBERTHIER.

Ma Nina, ma Ninette...

NINA.

Certainement, je ne dis pas non... mais enfin, vous le savez, je n'ai pas encore dit oui.

LAMBERTHIER.

Vous le direz, ma Nina... Vous le direz, ma Ninette... j'apporte une nouvelle qui vous décidera.

MADAME CAPITAINE.

Quelle nouvelle ?...

LAMBERTHIER.

Vous savez qu'à mon administration, à la société des comptes aléatoires, j'ai la chance d'avoir pour protecteur un personnage considérable...

NINA.

M. le comte Escarbonnier...

LAMBERTHIER.

Lui-même. Je ne lui ai pas caché mes espérances... et il a daigné m'adresser quelques questions sur la personne que je devais... que je devais épouser...

NINA, flattée.

Est-il possible ?...

LAMBERTHIER.

C'est un ange, lui ai-je répondu, c'est un amour... Que vous dirais-je... il m'écoutait avec tant de bienveillance que je me suis enhardi... et j'ai fini par lui dire que ce soir justement, à l'occasion de votre fête, vous réunissiez ici quelques personnes...

MADAME CAPITAINE.

Quelques intimes, seulement... les habitués de nos petits jeudis, vous, M. Marasquin, et ses quatre demoiselles.

LAMBERTHIER.

J'attendais, en tremblant, l'effet de ma témérité, mais j'ai vu tout de suite qu'il ne l'avait pas mal prise. C'est très bien, m'a-t-il dit, c'est très bien, et il a ajouté, il a daigné ajouter...

MADAME CAPITAINE.

Allez donc...

LAMBERTHIER.

Qu'il assisterait volontiers à cette petite réunion de famille.

MADAME CAPITAINE.

M. le comte Escarbonnier!!!

LAMBERTHIEU.

Oui.

NINA.

Il viendra!

LAMBERTHIED.

Il me l'a promis.

3.

NINA.

Oh!

LAMBERTHIER.

J'ai pensé que ça vous ferait plaisir...

NINA.

Si ça nous fait plaisir... Je crois bien que ça nous fait plaisir.

MADAME CAPITAINE, montrant Lamberthier.

Il est gentil, tout de même!...

NINA.

Et il faut bien que ce ne soit pas le premier venu, pour qu'un homme comme M. le comte Escarbonnier...

LAMBERTHIER.

Aurai-je mon whist? m'a-t-il demandé avec bonté... oui, monsieur le comte, vous aurez votre whist... Et il l'aura, j'ai apporté des cartes. Lui, Marasquin et moi, nous ferons un mort.

MADAME CAPITAINE.

Et, s'il est besoin, je rentrerai...

LAMBERTHIER, donnant des cartes à madame Capitaine.

Là. Et maintenant, je vous en prie, écoutez-moi bien. M. le comte Escarbonnier est un personnage très susceptible... S'il vous arrivait, par malheur, de dire devant lui quelque chose qui lui déplût, il se fâcherait tout rouge, et je perdrais ma place... Je ne crois donc pas inutile de vous dire d'avance quelles sont les choses dont il ne faudra pas parler.

NINA.

Excellente précaution.

LAMBERTHIER.

D'abord, M. le comte Escarbonnier n'est pas comte.

NINA et MADAME CAPITAINE.

Ah!

LAMBERTHIER.

Non. Il s'appelle tout uniment Escarbonnier; il a ajouté à son nom le nom de sa mère qui était une demoiselle Lecomte...

MADAME CAPITAINE.

Et ça a fait Lecomte Escarbonnier?

LAMBERTHIER.

Oui. Vous comprenez qu'il ne faudra pas faire de plaisanterie sur les gens qui prennent de faux titres.

NINA.

C'est entendu...

LAMBERTHIER.

Alors, passons à autre chose. M. Lecomte Escarbonnier est bête comme une oie.

NINA et MADAME CAPITAINE.

Oh !

LAMBERTHIER.

Vous verrez... S'il est arrivé à être sous-directeur, ce n'est pas du tout à cause de son intelligence, c'est parce qu'il avait une jolie femme.

NINA et MADAME CAPITAINE.

Tiens, tiens, tiens...

LAMBERTHIER.

Il ne faudra donc pas parler devant lui des gens qui ont dû leur avancement à...

NINA et MADAME CAPITAINE.

N'ayez pas peur.

LAMBERTHIER.

Autre chose encore. Après avoir fait de lui un sous-directeur, la femme de M. Lecomte Escarbonnier a trouvé qu'elle
avait assez fait pour son mari... et elle l'a planté là.

NINA et MADAME CAPITAINE.

Allons donc!...

LAMBERTHIER.

Mon Dieu, oui... Elle l'a quitté pour s'en aller vivre à sa
guise.

NINA et MADAME CAPITAINE.

Ah! le pauvre homme!

LAMBERTHIER.

Il faudra autant que possible ne pas faire d'allusions... ne
pas parler des maris qui n'ont pas eu de chance... j'insiste,
parce que ce sujet de conversation étant un de ceux que
l'on aborde le plus volontiers...

MADAME CAPITAINE.

Soyez tranquille... on se méfiera... Y a-t-il encore quelque chose?

LAMBERTHIER.

Non... il me semble que je vous ai tout dit... Voyons, ré-
sumons un peu : se faisant appeler M. le comte et n'étant
pas comte...

NINA.

Arrivé par sa femme...

MADAME CAPITAINE.

Et trompé...

LAMBERTHIER.

Par la même. Non, décidément je ne vois pas autre chose...

Je n'ai plus, maintenant, qu'à aller le prendre chez lui et qu'à vous l'amener.

NINA.

Et vous êtes bien sûr qu'il viendra.

LAMBERTHIER.

Il me l'a promis, je vous le répète.

*Madame Capitaine va poser les cartes sur la table à jeu et allumer les flambeaux.*

NINA, *passant à gauche*.

Ah ! c'est que c'est maintenant surtout que je tiendrais à le voir, après le portrait que vous en avez tracé.

LAMBERTHIER.

Il viendra, petite Ninette... il viendra... Il vous parlera de mon avenir, et une fois qu'il vous aura parlé de mon avenir, j'espère bien que vous n'hésiterez plus, vous mettrez tout de suite votre jolie menotte dans ma vilaine patte et vous me direz... n'est-ce pas, petite Ninette?... hé?... Non?... Vous ne voulez pas... (*Mouvement de Nina.*) Ne me dites pas le contraire, au moins... ne me dites pas qu'il n'est pas sûr que vous deviez être ma femme.

NINA.

Cependant...

LAMBERTHIER.

Non, non, ne me dites pas... je ne veux pas, je vous le défends. Nina, ma Ninette... je vous aime tant, et je suis si heureux de vous aimer... (*Madame Capitaine redescend.*) Là-bas, au bureau, je leur fais un tas de farces... quand j'ouvre la porte, je fais semblant de me cogner le nez, comme ceci, tenez... Et ils rient. Pourquoi est-ce que je fais semblant de me cogner le nez, c'est parce que je suis gai, et

---

* Nina, Lamberthier, madame Capitaine.

pourquoi est-ce que je suis gai... c'est parce que je vous aime... parce que j'espère que vous m'aimerez... si ça ne devait jamais arriver, adieu la gaieté... adieu les farces... mais ça arrivera, j'en suis sûr, vous serez ma femme... ne me répondez pas. C'est une affaire entendue... à tout à l'heure, Ninette, à tout à l'heure, maman Capitaine, je m'en vais chercher M. le comte Escarbonnier. (En sortant il se heurte violemment contre la porte. — Les deux femmes poussent un cri. — Lamberthier se retourne en riant.) C'est la farce...

Il sort par le fond.

## SCÈNE V

### MADAME CAPITAINE, NINA.

MADAME CAPITAINE, riant.

Un vrai boute-en-train, ce garçon-là.

NINA, passant à droite *.

Oui... ses plaisanteries ne sont peut-être pas d'un goût... Mais ça ne fait rien, il est bien gentil, bien aimable, et ma foi...

MADAME CAPITAINE.

Tu te décides à l'épouser?

NINA.

Non, pas encore, mais...

MADAME CAPITAINE.

Mais quoi? voyons, mais quoi?

NINA.

Mais la première fois que je verrai le vicomte...

* Madame Capitaine, Nina.

**MADAME CAPITAINE.**

Ce qui ne tardera pas, car il vient ici tous les jours.

**NINA.**

C'est vrai, il vient ici tous les jours...

**MADAME CAPITAINE.**

Plusieurs fois...

**NINA.**

C'est vrai. Donc, la première fois que je verrai le vicomte, j'aurai avec lui une conversation sérieuse... je lui demanderai s'il veut m'épouser, lui.

**MADAME CAPITAINE.**

Oh!

**NINA.**

Il est bien évident que s'il consent, c'est à lui que je donnerai la préférence, mais s'il ne consent pas...

**MADAME CAPITAINE.**

S'il ne consent pas?

**NINA.**

Je cesserai de le voir... et j'épouserai M. Lamberthier.

**MADAME CAPITAINE.**

A ce compte-là, je peux te considérer comme étant déjà madame Lamberthier.

**NINA,** se résignant.

Eh bien!...

**MADAME CAPITAINE.**

Un mot, Ninette. Tout à l'heure, quand tu m'as demandé quelle existence il fallait choisir, tu as pu voir que je n'étais pas d'une sévérité...

NINA.

En effet, marraine...

MADAME CAPITAINE.

Mais une chose que je ne tolérerais pas, c'est qu'une fois mariée...

NINA.

Par exemple...

MADAME CAPITAINE.

Non, vois-tu... si, une fois mariée, il te prenait jamais fantaisie de vouloir tromper ton mari, tu ne devrais pas compter sur moi.

NINA.

Oh! marraine...

MADAME CAPITAINE, avec conviction.

Je serais neutre, voilà tout.

NINA.

N'aie pas peur, marraine. Tu n'auras même pas besoin...

MADAME CAPITAINE.

A la bonne heure. Dis donc, Ninette, pour ce soir, j'ai bien envie d'aller chercher un baba, ça lui fera plaisir, à M. le comte Escarbonnier.

NINA, riant.

Et ça ne te fera pas de peine, à toi.

MADAME CAPITAINE.

Dame!

NINA.

A moi, non plus. Va chercher un baba, marraine.

MADAME CAPITAINE.

Et toi, pendant ce temps-là...

NINA.

Moi, pendant ce temps-là, je vais repasser le *Printemps* de Gounod.

MADAME CAPITAINE.

Et ce soir, pour ta fête, tu nous le chanteras.

NINA.

Ça, par exemple, je ne sais pas. Serai-je en humeur de chanter? ça dépendra, marraine, ça dépendra.

MADAME CAPITAINE.

Embrasse-moi, Ninette...

NINA.

Je veux bien, marraine.

Elle l'embrasse.

MADAME CAPITAINE.

Avec beaucoup de rhum, le baba... je suis sûr que M. le comte Escarbonnier l'aimera mieux avec beaucoup de rhum !

Elle sort par le fond.

SCÈNE VI

NINA, rêveuse.

Vicomtesse!... madame Lamberthier... j'aimerais mieux vicomtesse... (En allant au piano.) j'aimerais beaucoup mieux...

Chantant en s'accompagnant.

Le printemps chasse les hivers,
Et sourit dans les arbres verts.
Sous la feuille nouvelle
Passent des bruits d'aile.

Elle a fait une drôle de grimace, maman Capitaine, quand

je lui ai dit que j'allais demander au vicomte s'il voulait m'épouser... Elle n'a pas eu l'air de croire un instant... Et le fait est que la chose est douteuse... excessivement douteuse...

Même jeu.

> Viens, suivons les sentiers ombreux
> Où s'égarent les amoureux...

Se levant tout à coup.

Oh! oui, quant à ça, il est amoureux, très amoureux... mais quant au mariage... Et cela se comprend... c'est un seigneur, lui, un grand seigneur... tandis que moi... qu'est-ce que ça fait, après tout?... il m'aime, j'en suis sûre, et moi... je puis bien le dire, puisqu'il n'est pas là, je suis folle de lui, moi, absolument folle. (Se regardant dans la glace de la cheminée.) Vicomtesse!... je ne serais pas mal du tout en vicomtesse... Et nous nous amuserions tant... nous serions si heureux... nous ferions de la musique ensemble... il l'aime tant la musique, et il chante si gentiment...

Elle se remet au piano et chante.

> Viens, suivons les sentiers ombreux
> Où s'égarent les amoureux.
> Le printemps nous appelle,
> Viens, soyons heureux !

Le vicomte de Champ-d'Azur est entré, par le fond, depuis quelques instants.

# SCÈNE VII

## NINA, LE VICOMTE.

### LE VICOMTE *.

Plus doucement, je vous en prie...

* Le vicomte, Nina.

NINA.

Comme ceci...
> Viens, suivons les sentiers ombreux
> Où s'égarent...

LE VICOMTE.

Non, plus doucement encore... comme ceci, tenez...

Il chante, Nina l'accompagne.

> Viens, suivons les sentiers ombreux
> Où s'égarent les amoureux...

Nous deux, maintenant, voulez-vous?

NINA et LE VICOMTE.

> Viens, suivons les sentiers ombreux
> Où s'égarent les amoureux.
> Le printemps nous appelle,
> Viens, soyons heureux.

LE VICOMTE, s'asseyant sur un des bras du fauteuil, Nina, assise
sur le tabouret de piano, se tourne vers lui.

Comme cela, c'est parfait. Bonsoir, Nina... j'étais en route
pour aller dîner chez ma mère, mais comme chez ma mère
on ne dîne qu'à huit heures et demie, je me suis dit : j'ai
encore le temps d'embrasser Ninette, et je suis venu... Ninetta mia, Ninetta mia adorata...

Il lui baise les mains.

NINA, se levant et s'éloignant.

D'un peu plus loin, s'il vous plaît...

LE VICOMTE.

Je vous aime tant, petite Ninette...

NINA.

C'est justement pour ça...

LE VICOMTE.

Et vous aussi, vous m'aimez...

NINA.

Croyez-vous?

LE VICOMTE, se levant.

Oui...

NINA, adossée au piano.

Raison de plus pour nous parler d'un peu plus loin...
allez là-bas...

LE VICOMTE.

Ah! il faut que...

NINA.

Oui, oui... (Le vicomte s'éloigne un peu.) Encore... encore...
là...

LE VICOMTE.

Ninette...

NINA.

C'est à huit heures et demie que vous dînez?

LE VICOMTE.

Oui, et comme je ne vais pas loin et que j'ai ma voiture
en bas, nous avons dix bonnes minutes.

NINA.

Dix minutes, cela suffira. Écoutez-moi, monsieur le vicomte.

Elle vient s'asseoir dans le fauteuil.

LE VICOMTE.

Oh! oh! voilà un ton... M. le vicomte, c'est sérieux, il
paraît.

NINA.

On ne peut plus sérieux. (Jeu de scène. — Le vicomte veut
venir se mettre sur le petit tabouret qui se trouve près du fauteuil, Nina l'éloigne du geste.) C'est un conseil que j'ai à vous

demander. M. Lamberthier est amoureux de moi, me conseillez-vous de l'épouser?

LE VICOMTE.

Qui ça, Lamberthier, ce monsieur qui est toujours fourré
ici?

NINA.

Lui-même. Il demande ma main... Me conseillez-vous de
l'épouser?...

LE VICOMTE.

Voilà une question, par exemple... certainement, non, je
ne vous conseille pas de l'épouser... La femme d'un petit
employé, vous... allons donc!... ce n'est pas du tout pour
cela que vous êtes faite, vous êtes faite pour être...

NINA.

Pour être quoi?

LE VICOMTE.

Voyons... ce n'est pas sérieux! Est-ce que vous vous voyez
au quatrième étage, dans un méchant petit appartement, au
milieu de vilains petits meubles, et tout le long, le long de
la semaine, raccommodant le linge et recousant les boutons... (Venant se mettre à genoux sur le tabouret, près de Nina.)
Ah! bébé, ah! petite femme, ce n'est pas cela que j'avais
rêvé pour vous...

NINA.

Qu'est-ce que vous aviez rêvé pour moi?

LE VICOMTE.

Mais... un petit hôtel d'abord... je ne sais pas si vous
êtes comme moi, mais je ne comprends pas une petite
femme sans un petit hôtel, bien gentil, bien confortable,
et des objets d'art, et des bibelots... Et quand la petite
femme a envie d'aller faire un tour, sa voiture est là, (Se

levant.) une petite voiture avec deux grands chevaux noirs,
qui font comme ça, comme ça, un gros cocher qui se tient
tout raide, et un petit groom pour ouvrir la portière... Et
la petite femme s'en va, se pelotonnant, souriant, clignant
des yeux, tirant les oreilles à son petit chien qui montre
son museau par la portière, et tout heureuse, tout heureuse, tout heureuse, parce que ses deux chevaux noirs
vont vite, vite... et que c'est amusant d'aller vite, vite...
(Venant se remettre à genoux.) C'est donc pas gentil ça, dites,
bébé... dites, petite femme, c'est donc pas gentil ?

NINA, se levant et passant à gauche *.

Oh! si... si... (Changeant de ton.) Oui, mais le mariage ?...

LE VICOMTE, se relevant.

Et si la petite femme est ambitieuse... elle en a le droit,
car tout le monde sait qu'elle a une voix admirable et
qu'elle joue la comédie comme un ange, si la petite femme
est ambitieuse, les débuts au théâtre, et, après les débuts, le
succès, non pas un méchant succès de deux sous, mais le
succès à tout casser, le succès qui est un délire... la salle
se levant tout entière pour acclamer la petite femme, les
musiciens de l'orchestre tapant sur leurs pupitres, et les
princes télégraphiant pour retenir avant-scène, et les compliments, et les trépignements, et les fleurs... Et cette bonne
maman Capitaine qui s'évanouit de joie... et qui crie, et qui
pleure... c'est donc pas gentil, dites, bébé, dites, petite
femme, c'est donc pas gentil tout ça ?

NINA, enthousiasmée.

Oh! si... si... (Se calmant tout à coup.) Oui, mais le mariage ?...

LE VICOMTE.

Et ce n'est pas seulement ça que j'avais rêvé...

* Nina, le vicomte.

NINA.

Dites-moi... pendant que vous étiez en train, vous n'avez pas rêvé quel plaisir j'aurais à vous répondre oui, si jamais vous me demandiez ma main?

LE VICOMTE.

J'avais rêvé assez d'amour entre nous, pour que jamais il ne fût question d'autre chose que notre amour.

NINA, passant à droite *.

Ah!

LE VICOMTE.

Nina... Ninetta mia... c'est donc pas gentil, mon amour, c'est donc pas gentil de s'aimer comme nous nous aimons? (Mouvement de Nina.) Si fait, nous nous aimons, vous l'avez avoué tout à l'heure. C'est donc pas gentil de s'aimer et d'être bien sûr que l'on s'aimera toujours... (Nina, très émue, gagne peu à peu le piano.) Oh! oui, quant à ça, toujours... Je vous le jure, vous entendez, Nina, je vous le jure... toujours... toujours.

NINA, au piano et rejouant l'air qu'elle chantait.

Comme cela, vous m'avez dit... doucement, bien doucement.

LE VICOMTE, derrière elle.

Oui... c'est cela... doucement... (Nina joue jusqu'à la fin de la scène.) Et quand nous nous serons aimés à Paris... nous irons nous aimer en Italie... et puis en Espagne... et puis où nous voudrons... nous traverserons tous les pays... et ça nous sera bien égal les pays que nous traverserons... Plus doucement encore, mon amour... un bruit d'ailes, un murmure, un souffle.

Ils chantent tous les deux.

Viens, suivons les sentiers ombreux
Où s'égarent les amoureux.

* Le vicomte, Nina !

Le printemps nous appelle,
Viens, soyons heureux.

Il embrasse Nina, entre madame Capitaine par le fond. — Elle porte un gros baba enveloppé.

# SCÈNE VIII

### LES MÊMES, MADAME CAPITAINE.

MADAME CAPITAINE *.

Le v'là, l'baba!

NINA, se jetant dans les bras de madame Capitaine.

Ah! marraine!...

MADAME CAPITAINE, suffoquée.

Eh bien! quoi, voyons? Eh bien! quoi?

NINA.

Ah! marraine... que je suis contente que tu sois arrivée, marraine... que je suis contente...

Elle gagne la gauche.

MADAME CAPITAINE, les regardant **.

Ah! ah! tout le monde n'est peut-être pas aussi content que toi, pas vrai, monsieur le vicomte?

LE VICOMTE.

Mais si, maman Capitaine, mais si... vous savez bien que je suis toujours enchanté de vous voir.

MADAME CAPITAINE.

Et moi pareillement... je vous avouerai, cependant, qu'à cette heure-ci, je ne m'attendais pas...

* Madame Capitaine, Nina, le vicomte.
** Nina, madame Capitaine, le vicomte.

NINA.

Il allait dîner chez sa mère, et alors en passant...

MADAME CAPITAINE.

Il allait dîner... à quelle heure donc?

LE VICOMTE.

A huit heures et demie.

MADAME CAPITAINE.

S'il est Dieu possible! Il va en être neuf.

LE VICOMTE.

Sapristi... je vais être bien reçu par maman; je me sauve.

Il remonte.

MADAME CAPITAINE, l'arrêtant *.

Monsieur le vicomte... avant de vous sauver...

LE VICOMTE.

Eh bien?

Nina, rêveuse, est allée s'asseoir au guéridon.

MADAME CAPITAINE.

Nous réunissons ce soir quelques amis, M. le comte Escarbonnier veut bien être des nôtres.

LE VICOMTE.

M. le comte Escarbonnier?

MADAME CAPITAINE.

Oui...

LE VICOMTE.

Connais pas...

MADAME CAPITAINE.

Est-il Dieu possible!

* Nina, le vicomte, madame Capitaine.

4

### LE VICOMTE.

Non, je vous assure... connais pas.

### MADAME CAPITAINE.

Raison de plus pour faire sa connaissance, et si vous vouliez être assez aimable...

### LE VICOMTE.

Pour venir... je crois bien que je serai assez aimable. Cette bonne madame Capitaine qui fait des façons pour me demander... (A Nina.) Vous voulez bien, bébé, que je revienne... pas vrai, vous voulez bien?... j'ai tant de choses à vous dire... Sapristi ! et maman que je continue à oublier

*Il veut sortir par le fond, mais il se heurte à Amélie Marasquin et se range pour la laisser passer.*

# SCÈNE IX

### LES MÊMES, BERTHE, AMÉLIE, PAULINE, MARGUERITE, puis MARASQUIN.

### AMÉLIE.

Bonsoir, Nina, bonsoir, madame...

*Nouvelle fausse sortie du vicomte, il rencontre Marguerite, même jeu.*

### MARGUERITE.

Bonsoir, Nina, bonsoir, madame...

*Même jeu avec Pauline.*

### PAULINE.

Bonsoir, Nina, bonsoir, madame...

*Même jeu avec Berthe.*

### BERTHE.

Bonsoir, Nina, bonsoir, madame...

*Nouvelle fausse sortie du vicomte et cette fois il se trouve nez à nez avec Marasquin.*

LE VICOMTE, à Marasquin.

Il n'y en a plus?

MARASQUIN, entrant *.

Non, monsieur... il n'y a plus que moi, leur père. Le
ciel m'en a accordé quatre, pas davantage.

LE VICOMTE.

On peut passer alors?

MARASQUIN.

Certainement, monsieur.

LE VICOMTE, saluant.

Mesdemoiselles, monsieur... A tout à l'heure, maman Capitaine... à tout à l'heure, Nina.

Il sort.

# SCÈNE X

### LES MÊMES, moins LE VICOMTE.

MARASQUIN **.

Très aimable, ce monsieur...

MADAME CAPITAINE.

Et gentilhomme donc, gentilhomme jusqu'au bout des on-
gles... c'est le jeune vicomte Édouard de Champ-d'Azur.

LES QUATRE DEMOISELLES.

Un vicomte, mes sœurs, un vicomte !...

---

* Amélie, Marguerite, Pauline, Berthe, Nina, Marasquin, le vicomte, madame Capitaine.

** Amélie, Marguerite, Pauline, Berthe, Marasquin, Nina, madame
Capitaine.

MARASQUIN.

Eh! bien, mesdemoiselles... (A Nina et madame Capitaine.)
Je le connais ce vicomte de Champ-d'Azur... il avait autrefois des tas de factures chez madame Distribué, la couturière dont je suis le caissier.

MADAME CAPITAINE.

Madame Distribué... la grande couturière... la couturière
aux cocottes...

MARASQUIN, montrant ses filles.

Chut! donc!

NINA, inquiète.

Et vous dites qu'il avait chez elle des tas de factures.

MARASQUIN.

Oui... mais depuis quelque temps il n'en a plus du tout...
il est amoureux, sans doute, et alors...

NINA, heureuse.

Ah!

Elle remonte.

BERTHE.

Amoureux, papa... De qui est-il amoureux?...

LES QUATRE DEMOISELLES.

Contez-nous ça, papa, contez-nous ça.

MARASQUIN.

Vous, mesdemoiselles, faites-moi l'amitié de vous occuper de vos travaux d'aiguille... Asseyez-vous là, autour de
la table... Je vais vous distribuer à chacune... (Appelant.)
Amélie!...

AMÉLIE.

Présente!

Marasquin tire de sa poche une broderie et la lui donne. — Amélie va s'asseoir à la table.

**MARASQUIN.**

Marguerite !

**MARGUERITE.**

Présente !

Marasquin lui donne un ouvrage de tapisserie. — Marguerite va s'asseoir.

**MARASQUIN.**

Pauline !

**PAULINE.**

Présente !

Marasquin lui donne une serviette à ourler. — Pauline va s'asseoir.

**MARASQUIN.**

Berthe !... Eh bien, mademoiselle Berthe, est-ce que vous ne m'entendez pas ?

**BERTHE.**

Si fait, papa, je vous entends...

**MARASQUIN.**

Pourquoi ne répondez-vous pas, alors ?

**BERTHE.**

Parce que ça m'ennuie de travailler !...

**MARASQUIN.**

Comment ça vous ennuie... Entendez-vous, madame Capitaine, entendez-vous mademoiselle Berthe... qui déclare que ça l'ennuie de travailler... ce ne sera pas de la couture, vous. (Tirant de sa poche un flambeau et le lui donnant.) Tenez prenez-moi ça, et faites-le moi reluire... ah ! mais !...

Les quatre demoiselles vont s'asseoir à la table dans l'ordre suivant : Berthe, Marguerite, Pauline et Amélie. — Petit tableau. Les quatre demoiselles en train de travailler, madame Capitaine préparant des verres de sirop, Nina isolée ne s'occupant pas du tout de ce qui se passe autour d'elle. — Madame Capitaine s'approche de Nina *.

* Les demoiselles Marasquin, madame Capitaine, Nina.

4.

MADAME CAPITAINE.

Eh bien!... Tu lui as parlé... Tu lui as demandé s'il voulait t'épouser?

NINA.

Oui.

MADAME CAPITAINE.

Et qu'est-ce qu'il t'a répondu?

NINA.

Qu'il m'aimait.

MADAME CAPITAINE.

Voilà tout?

NINA.

Voilà tout...

MADAME CAPITAINE.

C'est décidé, alors... Tu épouseras Lamberthier.

NINA.

Je ne sais pas...

MADAME CAPITAINE.

Comment... mais tout à l'heure, tu m'avais dit...

NINA, nerveuse.

Oui, tout à l'heure, mais maintenant, je ne sais pas, marraine... Je ne peux vraiment pas te dire autre chose... Je ne sais pas! je ne sais pas!...

Entre, par le fond, Lamberthier très agité; Charlotte le suit.

## SCÈNE XI

Les Mêmes, LAMBERTHIER et CHARLOTTE.

LAMBERTHIER *.

Vite... vite, Charlotte... une chaise... Je vous en prie, Charlotte, une chaise.

CHARLOTTE, mettant la chaise derrière Lamberthier.

Voilà, monsieur...

LAMBERTHIER se laisse tomber sur la chaise, puis se relevant brusquement

Non, pas comme ça... (Donnant la chaise à Charlotte.) Faites-moi l'amitié de descendre avec cette chaise jusqu'au troisième étage.

CHARLOTTE.

Avec la chaise?

LAMBERTHIER.

Oui... oui... allez vite, Charlotte, allez vite...

Charlotte sort par le fond, poussée par Lamberthier.

MADAME CAPITAINE **.

Pourquoi faire cette chaise?

LAMBERTHIER.

M. le comte Escarbonnier s'est arrêté au troisième, il souffle, il n'en peut plus... ça lui fera plaisir. Bonsoir, mesdemoiselles, bonsoir, Marasquin. (A madame Capitaine et à Nina.) Vous n'avez pas oublié, n'est-ce pas... vous vous rappelez ce qu'il ne faut pas dire?

* Les demoiselles Marasquin, Charlotte, Lamberthier, madame Capitaine, Nina.

** Les demoiselles Marasquin, Lamberthier, madame Capitaine, Nina.

MADAME CAPITAINE.

N'ayez donc pas peur. Il ne faut pas dire qu'il n'est pas comte...

NINA.

Il ne faut pas dire que c'est sa femme qui l'a fait arriver...

LAMBERTHIER.

Ni qu'elle l'a planté là...

MADAME CAPITAINE, levant un peu la jambe et faisant claquer ses doigts

Pour aller faire la noce. Et allez donc!...

LAMBERTHIER.

C'est ça même... Je vais voir s'il a fini de souffler... pendant ce temps-là, mettez Marasquin au courant.

Il sort vivement par le fond.

# SCÈNE XII

LES MÊMES, moins LAMBERTHIER.

AMÉLIE, se levant.

Nous aussi, il faut nous mettre au courant...

LES QUATRE DEMOISELLES, se levant et allant à madame Capitaine.

Oui, nous aussi! nous aussi!

MARASQUIN, les faisant repasser à gauche.

Laissez-nous un peu tranquilles, vous.

PAULINE, bas, à ses sœurs *.

Qu'est-ce que c'est que ce monsieur qui souffle?

* Amélie, Marguerite, Pauline, Berthe, Marasquin, madame Capitaine, Nina.

ACTE DEUXIÈME

**AMÉLIE.**

Tu n'as donc pas entendu ! C'est un monsieur que sa femme a planté là.

**BERTHE**, imitant le geste de madame Capitaine.

Pour aller faire la noce... et allez donc !

**TOUTES**, même jeu.

Et allez donc !

**MARASQUIN**, qui causait avec Nina et madame Capitaine, se retournant.

Voulez-vous bien, mesdemoiselles !...

**MADAME CAPITAINE**, qui est allée au fond, redescendant.

Le voilà... Viens, Nina, à côté de moi... Mettez-vous en rang, mesdemoiselles... vous, monsieur Marasquin, là-bas... à côté de vos filles... le voilà ! le voilà !...

# SCÈNE XIII

**LES MÊMES, ESCARBONNIER, LAMBERTHIER, CHARLOTTE.**

**LAMBERTHIER**, au fond.

Entrez, monsieur le comte Escarbonnier... Monsieur le comte, je vous en prie, faites-nous l'honneur d'entrer...

**ESCARBONNIER.**

Je veux bien.

Il entre suivi de Lamberthier et de Charlotte. Charlotte est décoiffée, toute rouge... Escarbonnier lui adresse des sourires.

LAMBERTHIER *.

Mademoiselle, permettez-moi de vous présenter à M. le comte Escarbonnier, qui a bien voulu...

> Charlotte est descendue au milieu des demoiselles. — Elle leur parle bas

ESCARBONNIER, regardant Nina et madame Capitaine.

Laquelle des deux est celle que vous désirez épouser ?

LAMBERTHIER, désignant Nina.

C'est mademoiselle!

ESCARBONNIER.

Je vous en félicite.

MADAME CAPITAINE, à part.

Malhonnête! (Nouveaux sourires d'Escarbonnier à Charlotte.) Eh bien! qu'est-ce que vous faites là, Charlotte ?... allez-vous-en.

ESCARBONNIER.

Oh! pourquoi?

> Il adresse de nouveaux sourires à Charlotte qui sort par le fond.

BERTHE, bas à Marasquin.

Oh! papa... il a embrassé la bonne... oui, papa... elle vient de nous le dire... Il a embrassé la bonne dans l'escalier...

LES QUATRE DEMOISELLES.

Il a embrassé la bonne!...

MARASQUIN.

Voulez-vous bien!! (Escarbonnier se retourne.) Ce n'est rien, monsieur le comte, ce n'est rien.

---

* Amélie, Marguerite, Charlotte, Pauline, Berthe, Marasquin, Escarbonnier, Lamberthier, madame Capitaine, Nina.

ESCARBONNIER, à Nina.

Il m'a dit, mademoiselle, qu'il espérait, mais qu'il n'était pas sûr... vous hésitez encore, je comprends ça; il a ajouté qu'une démarche faite par un personnage considérable, mettrait, sans doute, un terme à vos hésitations... je n'ai pas cru devoir lui refuser cette marque de bienveillance, et, puisque j'ai commencé, j'irai jusqu'au bout, je prononcerai quelques paroles.

NINA.

Oh! oui, monsieur... parlez, je vous en prie... (Bas à madame Capitaine.) Ce qu'il va dire me décidera peut-être...

ESCARBONNIER, à Lamberthier.

Approchez, mon jeune ami, si vous voulez que je parle de vous, il faut être là, tout près de moi. (Lamberthier s'approche, mais trop près. — L'éloignant.) Pas si près... (Lui mettant la main sur l'épaule.) Épousez-le, mademoiselle, ce n'est pas un homme supérieur...

NINA.

Ah !

ESCARBONNIER.

Oh! non... c'est un bon employé, mais ce n'est pas un de ces hommes...

NINA.

Cependant pour qu'il ait eu l'honneur d'être remarqué par M. le comte Escarbonnier...

ESCARBONNIER.

Il est vrai... je l'ai remarqué... mais ce n'est pas du tout à cause de ses facultés, elles sont ordinaires... je pourrais mentir et dire qu'elles sont extraordinaires, mais une fois mariée, vous vous apercevriez vous-même... non, ce qui me l'a fait remarquer, c'est qu'il a une bonne figure

LES QUATRE DEMOISELLES.

Oh ! oui, quant à ça...

*Marasquin leur fait signe de se taire.*

ESCARBONNIER.

Et puis, il est serviable... obséquieux sans platitude, et adulateur sans bassesse.

LAMBERTHIER, avec effusion.

Ah! monsieur le comte ! monsieur le comte !

ESCARBONNIER.

Aussi ma protection, écoutez ça, mon jeune ami, c'est mon cadeau de noce... aussi, ma protection vous est-elle à tout jamais acquise... Qu'est-ce que vous gagnez, maintenant, à la société des comptes aléatoires ?

LAMBERTHIER.

Dix-huit cents francs.

ESCARBONNIER.

Dix-huit cents francs... eh bien ! dans vingt ans vous en aurez trois mille six... oui, mon ami, trois mille six... ce qui, avec les retenues d'usage, assure à votre femme, après vous, une pension de mille cent trente-deux francs vingt-sept centimes... Ne me remerciez pas... je vous répète que vous pouvez compter sur moi... je ne laisserai personne passer devant vous... personne, vous entendez... excepté, bien entendu, ceux qui montreront plus d'aptitude, ou qui auront des protections. A présent, je vous demanderai un verre d'eau.

NINA.

Marraine !

*Lamberthier, Nina et madame Capitaine courent au buffet pour préparer le verre d'eau.*

MADAME CAPITAINE.

Avec du sucre, monsieur le comte, et un peu de cognac?

ESCARBONNIER.

Non, de l'eau seulement. (Madame Capitaine apporte le verre d'eau.) Je vous remercie. (Les quatre demoiselles se rasseyent à la table, dans le même ordre que la première fois. — A part.) J'espérais que pour me le donner, on ferait revenir la petite bonne... enfin c'est manqué.

Il boit et donne le verre à Lamberthier qui le reporte sur le buffet.

AMÉLIE, bas à Marasquin.

Papa, papa... il a dit qu'il espérait qu'on ferait revenir la petite bonne !...

Lamberthier présente Marasquin à Escarbonnier.

MADAME CAPITAINE, à Nina *.

Eh bien ! Nina ?

NINA.

Eh bien ! marraine, que veux-tu que je te dise... certainement, M. le comte Escarbonnier nous a fait là de bien belles promesses, mais, malgré cela, je suis plus indécise que jamais.

Escarbonnier, amené par Lamberthier, s'approche de Nina.

ESCARBONNIER.

Il m'a dit que vous aviez une voix charmante, mademoiselle, et que nous aurions le plaisir...

NINA, très agitée.

Pas maintenant, monsieur le comte, maintenant je ne pourrais pas... je vous assure que je ne pourrais pas...

* Les demoiselles Marasquin, Lamberthier, Escarbonnier, madame Capitaine, Nina.

5

ESCARBONNIER.

L'émotion que vous ont causée mes paroles...

NINA.

Justement...

ESCARBONNIER.

Nous attendrons... (S'adressant à Marasquin. *) J'ai moi-même chanté autrefois... j'ai chanté... dans le monde...

Il chante.

J'ai brisé le dernier lien
Qui me rattachait à la terre.
Sur mon navire aérien
Je m'élance dans l'atmosphère.

Je me rappelle qu'un soir, au moment où je m'élançais dans l'atmosphère, il y eut une dame... (S'apercevant que les jeunes filles ont toutes le cou tendu pour l'écouter.) Je vous raconterai cela un autre jour... quand ces demoiselles n'écouteront pas.

Les jeunes filles se remettent à travailler.

MARASQUIN.

Ce sont mes filles...

ESCARBONNIER.

Elles sont charmantes !...

MARASQUIN.

Et bien élevées, j'ose le dire... je me suis moi-même occupé de leur éducation littéraire... et si, en attendant la musique, M. le comte Escarbonnier voulait permettre qu'elles lui récitassent quelque chose...

ESCARBONNIER.

J'y consens avec bonté...

Lamberthier s'empresse d'approcher le fauteuil, on y fait asseoir Escarbonnier.

* Les demoiselles Marasquin, Escarbonnier, Lamberthier, madame Capitaine, Nina.

MARASQUIN.

Allons, mesdemoiselles, récitez à Monsieur, la fable des *Deux Amis*... commencez... Pauline !

PAULINE, se levant.

Deux vrais amis vivaient au Monomotapa,
L'un ne possédait rien qui n'appartînt à l'autre.
Les amis de ce pays-là
Valent bien....

MARASQUIN.

Amélie !

Pauline s'assied.

AMÉLIE, se levant et continuant.

Dit-on ceux du nôtre.
Une nuit que chacun s'occupait du sommeil,
Et mettait à profit l'absence..

MARASQUIN.

Marguerite !

Amélie s'assied.

MARGUERITE, même jeu.

Du soleil,
Un de nos deux amis sort du lit en alarme.
Il court...

MARASQUIN.

Berthe !

Marguerite s'assied.

BERTHE, même jeu.

Chez son intime, éveille les valets.
Morphée avait touché le seuil de ce palais.
L'ami couché s'étonne...

MARASQUIN.

Marguerite et Pauline !

Berthe s'assied.

MARGUERITE et PAULINE, ensemble. — Elles se lèvent.

Il prend sa bourse, il s'arme,
Vient trouver l'autre et dit : Il vous arrive peu
De courir quand on dort. Vous me paraissez homme...

MARASQUIN.

Amélie et Berthe!

Marguerite et Pauline s'asseyent.

AMÉLIE et BERTHE, ensemble. — Elles se lèvent.

A mieux user du temps destiné pour le somme.
N'auriez-vous pas perdu tout votre argent au jeu?
En voici. S'il vous est venu quelque querelle,
J'ai mon épée, allons...

Elles s'asseyent.

MARASQUIN, récitant à son tour.

Vous ennuyez-vous point
De coucher toujours seul ? Une esclave assez belle
Était à mes côtés, voulez-vous qu'on l'appelle ?
Ces trois vers étant un peu vifs, je les ai gardés pour moi,
vous comprenez...

ESCARBONNIER.

Parfaitement.

MARASQUIN.

En chœur, maintenant, mesdemoiselles, en chœur, la fin
de la fable.

Les quatre demoiselles se lèvent.

LES QUATRE DEMOISELLES ensemble, très rapidement.

Non, dit l'ami, ce n'est ni l'un ni l'autre point;
Je rends grâce à ce zèle.
Vous m'êtes, en dormant, un peu triste apparu.
J'ai craint qu'il ne fût vrai, je suis vite accouru,
Ce maudit songe en est la cause...

ESCARBONNIER, NINA, MADAME CAPITAINE,
LAMBERTHIER, interrompant la récitation par des applaudissements.

Bravo!... bravo!... bravo!...

ESCARBONNIER, se levant.

C'est admirable... ah! mon Dieu!

MADAME CAPITAINE, s'approchant vivement.

Qu'est-ce que c'est?

ESCARBONNIER, montrant sa manche.

Un bouton que je viens d'arracher; c'est plus fort que moi, toutes les fois que j'entends réciter des fables, je tourne mes boutons comme ça, je tourne... et alors..

MARASQUIN, à ses filles qui s'étaient remises à la table.

Mesdemoiselles...

AMÉLIE.

Oui, papa... nous allons vous le recoudre, monsieur.

Elles se précipitent sur Escarbonnier et recousent le bouton. Marasquin et Lamberthier préparent la table à jeu. — Madame Capitaine et Nina, au fond, à gauche, placent des gâteaux, des verres de sirop et du thé sur la table.

ESCARBONNIER.

Comment, mesdemoiselles, vous auriez la complaisance...

BERTHE.

Vous aimeriez mieux que ce soit la petite bonne de tout à l'heure, pas vrai?

AMÉLIE.

C'est pour qu'on la fît venir que vous avez arraché votre bouton.

ESCARBONNIER, à part.

Elles ont deviné, c'était pour ça... enfin, qu'est-ce que vous voulez, c'est manqué!

LES DEMOISELLES, faisant une révérence

Voilà, monsieur.

MADAME CAPITAINE.

Venez, mesdemoiselles...

> Elle emmène les petites Marasquin et les installe à la table, toujours dans le même ordre. — Les jeunes filles se mettent à manger des gâteaux. — Madame Capitaine et Nina les servent. — ·Lamberthier place la table à jeu à droite. — Marasquin déchire les enveloppes des jeux de cartes [*].

LAMBERTHIER.

Le whist, maintenant, le whist de M. le comte Escarbonnier... Vous en êtes, Marasquin?

MARASQUIN, s'inclinant.

Comment donc!

> Escarbonnier, sans avoir l'air de rien, se rapproche de la cheminée. On entend un violent coup de sonnette.

MADAME CAPITAINE.

Tiens, qui est-ce qui a sonné ?

> Escarbonnier prend un air indifférent. — Entre par le fond Charlotte [**].

ESCARBONNIER, à part.

Cette fois, ça y est !

PAULINE, à madame Capitaine.

C'est lui, madame... c'est lui qui a sonné pour faire venir la bonne.

MADAME CAPITAINE.

Prenez ce fauteuil, Charlotte, et approchez-le de la table.

> Petit jeu de scène entre Escarbonnier et Charlotte [***].

[*] Nina, les demoiselles, madame Capitaine, Escarbonnier, Lamberthier, Marasquin.

[**] Escarbonnier, Nina, les demoiselles, madame Capitaine, Charlotte, Lamberthier, Marasquin.

[***] Nina, les demoiselles, madame Capitaine, Escarbonnier, Charlotte, Lamberthier, Marasquin.

MADAME CAPITAINE, à Charlotte.

Maintenant, allez-vous-en!

ESCARBONNIER.

Oh! pourquoi?

Il adresse des sourires à Charlotte. — Charlotte sort par le fond.
Escarbonnier, Lamberthier et Marasquin prennent chacun une
carte.

LAMBERTHIER, à Marasquin.

C'est vous qui faites le mort.

MARASQUIN, s'asseyant dans le fauteuil.

Commençons.

LAMBERTHIER, le faisant relever *.

Le fauteuil de **M.** le comte Escarbonnier!!! (Mettant le
fauteuil à la place destinée à Escarbonnier.) Monsieur le comte, je
vous en prie...

Ils s'asseyent dans l'ordre suivant: Marasquin face au public,
Lamberthier à gauche, et Escarbonnier à droite de la table **.

MARASQUIN, donnant les cartes.

Commençons, maintenant... Qu'est-ce que nous jouons?
un sou la fiche.

LAMBERTHIER.

Oh! non... M. le comte Escarbonnier n'a pas l'habitude...
jouons vingt-cinq centimes.

ESCARBONNIER.

Mais pas du tout, pas du tout. ((Avec bonté.) Je sais me
faire petit quand il le faut... (Éclats de rire des petites Marasquin,
madame Capitaine les fait taire.) D'ailleurs, j'aime le whist

* Nina, les demoiselles, madame Capitaine, Escarbonnier, Marasquin, Lamberthier.

** Nina, les demoiselles, madame Capitaine, Lamberthier, Marasquin, Escarbonnier.

pour le whist, je l'aime à cause des émotions intellectuelles qu'il me procure... c'est le plus noble des jeux... c'est une image de la guerre.... il en a les péripéties sans en avoir les horreurs... (Marasquin a donné les cartes.) Fichtre!... voilà un mort qui se porte bien. (Lamberthier rit.) Quatre atouts, une séquence à trèfle, des piques faibles, mais des cœurs admirables... Attention, mon jeune ami.

La partie commence.

MADAME CAPITAINE, allant à Nina *.

Eh bien! Nina?

NINA.

Eh bien! ma foi, je ne me sens pas la force de décider moi-même... c'est le sort qui décidera.

MADAME CAPITAINE.

Comment?

NINA, montrant Lamberthier.

Il est en train de jouer, n'est-ce pas? Eh bien! s'il gagne la partie, c'est lui que j'épouse.

MADAME CAPITAINE.

Et s'il la perd?

NINA.

Eh bien! s'il la perd...

MADAME CAPITAINE.

Tiens, c'est drôle ça... Je m'en vais regarder son jeu. (Elle va se placer derrière Lamberthier **.) Oh! le pauvre garçon!

---

* Nina, madame Capitaine, les demoiselles, Lamberthier, Marasquin, Escarbonnier.

* Nina, les demoiselles, madame Capitaine, Lamberthier, Marasquin, Escarbonnier.

LAMBERTHIER, à madame Capitaine.

Qu'est-ce qu'elle a donc, ma Ninette? Qu'est-ce qu'elle a donc à me regarder comme ça?

MADAME CAPITAINE.

Ne vous occupez pas de Nina, occupez-vous de votre jeu.

MARASQUIN.

A vous, Lamberthier.

Lamberthier joue.

ESCARBONNIER, furieux.

Cœur !... vous jouez cœur... vous voyez qu'il y a là des cœurs admirables, et vous jouez cœur...

LAMBERTHIER.

Non, non, je me suis trompé.

Il veut reprendre sa carte.

MARASQUIN, s'y opposant.

Pardon... la carte est couverte... (Jouant.) Atout, atout... mes trois cœurs et un trèfle qui est maître... Ça me fait cinq points, vous avez perdu.

NINA, à Lamberthier *.

Vraiment, vous avez perdu!

LAMBERTHIER.

Et par ma faute encore!

Entre Charlotte, elle annonce.

CHARLOTTE.

M. le vicomte de Champ-d'Azur.

Entre le vicomte. — Charlotte sort

* Les demoiselles, Nina, Lamberthier, madame Capitaine, Marasquin, Escarbonnier.

## SCÈNE XIV

### LES MÊMES, LE VICOMTE.

LE VICOMTE *.

Je vous avais promis de revenir...

NINA, bas.

Et vous avez bien fait de revenir... ce que vous m'avez dit tout à l'heure... le petit hôtel, les grands chevaux, le théâtre, l'amour...

LE VICOMTE.

Eh bien?

NINA.

Eh bien...

Escarbonnier qui, pendant ces répliques, a examiné les levées de Marasquin.

ESCARBONNIER, à Marasquin.

Pardon, cher monsieur, vous n'avez pas gagné.

MARASQUIN.

Comment, je n'ai pas gagné!

ESCARBONNIER.

Non, vo s avez fait une renonce.

MARASQUIN.

Allons donc...

ESCARBONNIER.

Votre dernier trèfle était maître, c'est vrai, mais là, tenez, j'avais joué trèfle et vous n'en avez pas fourni, vous voyez.

* Nina, le vicomte, Lamberthier, madame Capitaine, Marasquin, Escarbonnier.

MARASQUIN.

Je ne sais pas comment ça s'est fait... la carte était cachée derrière une autre...

ESCARBONNIER.

Je ne vous reproche rien... je constate...

LAMBERTHIER.

Nous n'avons pas perdu, alors?

ESCARBONNIER.

Certainement non, nous n'avons pas perdu. (A Marasquin.) Nous vous ôtons trois points pour la renonce... Qui de cinq ôte trois, reste deux.

NINA, à Lamberthier *.

Qu'est-ce que vous dites, vous n'avez pas perdu?

LAMBERTHIER.

Ni perdu, ni gagné. La partie continue.

Il donne les cartes.

NINA.

Ah!

LE VICOMTE.

Eh bien! Nina, eh bien?

NINA.

Eh bien! attendez... Tout à l'heure je vous répondrai... tout à l'heure, je vous dis, tout à l'heure.

Elle gagne la droite **.

LE VICOMTE, à madame Capitaine.

Qu'est-ce que ça signifie?

* Le vicomte, Nina, Lamberthier, madame Capitaine, Marasquin, Escarbonnier.

** Les demoiselles, le vicomte, madame Capitaine, Lamberthier, Marasquin, Escarbonnier, Nina.

MADAME CAPITAINE.

Tout à l'heure, on vous dit... attendez, tenez-vous tranquille...

Ils remontent.

MARASQUIN.

Je vous assure que je ne l'ai pas faite exprès, cette renonce...

ESCARBONNIER.

Vous l'auriez faite exprès que je n'aurais pas la force de vous en blâmer.

MARASQUIN.

Ah!

ESCARBONNIER.

Je suis pour le pardon, moi. Et d'ailleurs, en présence de la pénalité excessive qui frappe les renonces, Deschapelles, lui-même, notre grand Deschapelles avoue qu'il est parfaitement permis de dissimuler. (A Nina placée derrière lui.) Vous jouez le whist, mademoiselle?

NINA.

Non, monsieur, mais cela ne fait rien...

ESCARBONNIER.

Voilà un mort qui se porte moins bien que le précédent.

Lamberthier rit.

MARASQUIN.

Et un jeu qui ne vaut pas mieux... mon as de carreau, passe-t-il au moins?

LAMBERTHIER.

Oui, il passe.

MARASQUIN.

Je vous donne le reste, vous avez gagné.

NINA, de plus en plus émue.

Gagné?

LAMBERTHIER.

Oui, ma Ninette.

NINA.

Il n'y a pas à y revenir, cette fois... vous avez gagné,
c'est bien sûr?

LAMBERTHIER, souriant.

Tout à fait sûr?... Mais je ne vois pas qu'il y ait là...

NINA.

Donnez-moi la main... Je suis décidée, maintenant *.
Messieurs et vous, mesdemoiselles, j'ai l'honneur de vous
faire part de mon prochain mariage avec M. Lamberthier.

LAMBERTHIER, se levant.

Oh! Nina, ma Ninette!...

Il remonte avec elle. Marasquin et ses filles vont féliciter Nina
et Lamberthier.

LE VICOMTE, vexé.

Comment, c'était pour me dire ça!...

MADAME CAPITAINE.

Monsieur le vicomte, je vous en prie...

LE VICOMTE.

Eh bien! quoi? Voyons?

* Le vicomte, les demoiselles, madame Capitaine, Nina, Lamberthier, Marasquin, Escarbonnier.

MADAME CAPITAINE.

Permettez-moi de vous présenter à M. le comte Escarbonnier : M. le vicomte de Champ-d'Azur.

Elle remonte à Nina. — Salutations. — Embrassades de Nina et
de Lamberthier, félicitations des petites Marasquin. — Tableau.

ESCARBONNIER, au vicomte *.

Jouez-vous le whist?

LE VICOMTE.

Non, monsieur...

ESCARBONNIER, lui prenant le bras.

Le comte Escarbonnier, mon père, me racontait à ce propos, un mot qui lui avait été dit par M. de Talleyrand...

Ils remontent.

* Le vicomte, Escarbonnier. Les autres personnages au fond.

# ACTE TROISIÈME

Porte au fond. — Portes à droite et à gauche. — Porte-fenêtre dans le pan coupé de gauche. — Une cheminée au deuxième plan à droite. — Au-dessus de la cheminée, une autre porte. — A gauche, premier plan, une estrade sur laquelle se trouvent la table et le fauteuil de M. le maire. — Une autre petite table et un siège pour le secrétaire. — A droite, en face de l'estrade, les deux fauteuils des futurs et les quatre chaises pour les témoins. — Derrière les fauteuils, deux petites banquettes recouvertes de velours. — Les sièges sont placés en diagonale.

## SCÈNE PREMIÈRE

### MATHURIN, puis BOQUET.

MATHURIN, costume de garçon de bureau. Il est sur le devant de la scène et il chante, il a un plumeau à la main.

Anna donna p'tit' canne à Canada.
Anna donna p'tit' canne...

Non, je n'y suis pas encore... je ne dis pas bien p'tit' canne...

Anna donna p'tit' canne...

Peut-être qu'en dansant cela irait mieux...

Il chante et danse.

Anna donna p'tit' canne à Canada...
C'est ça j'y suis.

Anna donna p'tit' canne à Canada.

Entre par la droite, Boquet, l'employé de la mairie, il a un registre sous le bras, il regarde Mathurin avec stupéfaction *.

BOQUET.

Eh bien, Mathurin, qu'est-ce que vous faites là?

MATHURIN.

Moi, monsieur... mais... vous voyez, je m'exerce.

BOQUET.

Drôle d'exercice pour un garçon de bureau attaché à la salle des mariages.

Il va déposer son registre sur la table.

MATHURIN **.

Ah! c'est qu'aujourd'hui, ce n'est pas M. le maire qui doit faire les mariages, c'est M. Mondésir, le neuvième adjoint... Et il est directeur de théâtre, M. Mondésir.

BOQUET.

Et bon directeur, il paraît... il a, en ce moment, une pièce qui fait des recettes!... oh! mais des recettes!...

MATHURIN.

Alors, vous comprenez... Si M. Mondésir pouvait avoir la bonne idée de m'engager comme comique, avec vingt ou trente mille francs d'appointements!

BOQUET.

Vous avez de l'ambition, monsieur Mathurin.

MATHURIN.

Oh! oui, mais jusqu'à présent M. Mondésir n'a pas eu l'air de remarquer... Dites donc, monsieur Boquet, savez-vous ce que vous feriez si vous étiez gentil?

* Mathurin, Boquet.
** Boquet, Mathurin.

BOQUET.

Qu'est-ce que je ferais?

MATHURIN.

Vous feriez remarquer à M. Mondésir que lorsque je parle, j'ai l'air bête.

BOQUET.

Ah!

MATHURIN.

Et vous ajouteriez... naïvement, sans avoir l'air : Est-il Dieu possible d'avoir une figure comme ça ! Voilà une figure qui vaudrait de l'argent sur un théâtre.

BOQUET.

Soyez tranquille, monsieur Mathurin... Dès que l'occasion se présentera, je ne manquerai pas...

MATHURIN.

Elle ne se fera pas attendre, l'occasion. On vient d'ouvrir une porte, ce doit être M. Mondésir.

Entre Mondésir par la droite, premier plan.

# SCÈNE II

## LES MÊMES, MONDESIR.

MONDÉSIR, entrant avec des papiers sous le bras.

Bonjour, Boquet.

Il va poser ses papiers et son chapeau sur la table.

BOQUET.

Bonjour, monsieur Mondésir.

MONDÉSIR *.

Il y a un mariage qui attend, m'a-t-on dit. (A Mathurin.) Allez voir si l'on a apporté toutes les pièces !...

MATHURIN, parlant comme un paysan.

Oui, nout' maître, j'y allions, et dès que j' saurions si tout étiont ben en règle, je reviendrons vous le dire.

MONDÉSIR.

Qu'est-ce que c'est que ça?

MATHURIN, timidement.

C'est qu'hier, dans une société, l'on a trouvé que j'imitais bien le paysan, alors, je me suis dit que peut être monsieur Mondésir...

MONDÉSIR.

Faites-moi l'amitié d'aller où je vous envoie, et tout de suite, n'est-ce pas?

Mathurin sort par la droite, premier plan.

MONDÉSIR **.

Il est insupportable, ce Mathurin.

BOQUET.

C'est un imbécile... il ne faut pas lui en vouloir.

MONDÉSIR.

Je ne lui en veux pas, je suis de trop bonne humeur... Savez-vous ce qu'on a fait hier soir au théâtre?

BOQUET.

Toujours cinq mille francs.

MONDÉSIR.

Six mille quatre cent quatre-vingt-quatre francs cinquante centimes!

* Boquet, Mondésir, Mathurin.
** Boquet, Mondésir.

BOQUET.

Six mille quatre cent quatre-vingt-quatre!

MONDÉSIR.

La plus forte recette que le théâtre ait jamais encaissée, vous entendez... douze cents francs de plus que le maximum! la plus forte recette!

BOQUET.

Est-ce que vous n'allez pas la mettre dans le journal?...

MONDÉSIR.

Vous croyez qu'il serait bon?...

BOQUET.

Il me semble...

MONDÉSIR.

J'ai horreur de la réclame, vous savez.

BOQUET.

Oui, je sais... mais enfin, une fois par hasard... hé?...

MONDÉSIR.

J'avais justement préparé une petite note...

BOQUET.

A la bonne heure... Et je suis bien sûr que vous aurez trouvé moyen d'encadrer cela dans un de ces délicieux petits riens...

MONDÉSIR.

J'ai seulement profité de l'occasion pour parler de l'ouverture d'un dix-septième bureau de location... et pour annoncer qu'un concours de buralistes aurait lieu au théâtre, tous les jours de deux à quatre.

BOQUET.

Ça c'est du génie!

MONDÉSIR.

C'est moi qui ai trouvé ça...

BOQUET.

Très gentil, le concours de buralistes, très gentil, très gentil...

Entrée de Mathurin.

MATHURIN, accent anglais *.

Tout été prête, o yès, mais il y avé là oue mossié qui demandé...

MONDÉSIR.

Qu'est-ce que c'est encore que ça?

MATHURIN.

C'est que l'autre jour, dans une société, l'on a trouvé que je faisais très bien l'Anglais... alors...

MONDÉSIR.

Je vous assure, Mathurin, que vous finirez par vous faire mettre à la porte... Qu'est-ce que vous voulez dire, voyons?

MATHURIN.

Il y a là un monsieur qui demande à vous parler... Il dit que c'est très pressé, qu'il s'agit de votre théâtre.

MONDÉSIR.

Faites-le venir, ce monsieur.

Mathurin ouvre la porte de droite. — Entre Biscara. — Mathurin sort.

* Boquet, Mondésir, Mathurin.

## SCÈNE III

LES MÊMES, BISCARA.

MONDÉSIR *.

Comment, c'est vous, Biscara?

BISCARA.

Ah! mon cher... il y a là une petite mariée... qui est gentille! Oh! qu'elle est gentille!

MONDÉSIR.

C'est pour me dire ça que vous venez?

BISCARA.

Non!

MONDÉSIR.

Voyons, mon ami, vous êtes le plus aimable garçon de la terre, mais ce n'est pas une raison pour venir quand je m'occupe de choses sérieuses...

BISCARA.

Anita ne joue pas ce soir, c'est ça que je viens vous dire.

MONDÉSIR, atterré.

Anita!!

BISCARA.

Anita ne joue pas ce soir.

BOQUET.

Oh!...

* Boquet, Mondésir, Biscara.

MONDÉSIR.

Comment elle ne joue pas... mais il y a cinq mille francs de location!

BOQUET.

Vous n'avez pas quelqu'un pour la remplacer?

MONDÉSIR.

Mais non, je n'ai personne.

BISCARA.

Alors, vous ferez relâche?

MONDÉSIR.

Jamais de la vie, par exemple!

BOQUET.

Qu'est-ce qu'elle a mademoiselle Anita?

BISCARA.

Elle est malade.

MONDÉSIR.

Elle n'en a pas le droit. Je le lui défends, vous entendez, je le lui défends!

BOQUET, voulant le calmer.

Monsieur l'adjoint...

MONDÉSIR.

Malade... une femme qui était en train de me faire ma fortune... comment cela est-il arrivé, voyons...

BISCARA.

Mon Dieu, c'est un peu ma faute.

MONDÉSIR.

Ah

BISCARA.

Et beaucoup la sienne ; cette nuit elle est allée au bal de
l'Opéra.

BOQUET.

Au bal de l'Opéra !... elle est allée au bal de l'Opéra !

BISCARA.

Oui.

MONDÉSIR.

Je vous demande un peu... quel besoin d'aller au bal de
l'Opéra quand on gagne trois cents francs par soirée.

BISCARA.

Il y avait là une personne... une femme du monde, mon
cher, une femme du monde qui avait envie de connaître
Anita... je la lui ai présentée... Elles se sont mises à causer
toutes les deux et à se faire des confidences... Elles étaient
gentilles !... — Tiens, a dit la femme du monde, en montrant un
jeune homme qui entrait dans une loge voisine, voilà
Raoul... — Raoul, a répondu Anita d'un air pincé... — Mais
oui, Raoul... Il paraît que ma femme du monde et Anita avaient
le même... Raoul... Ça a fait rire la femme du monde, mais
ça n'a pas fait rire Anita... la fureur l'étranglait... elle voulait parler, elle ne pouvait pas. Quand je l'ai vue dans cet
état-là, je lui ai offert de la reconduire, elle a accepté, m'a
flanqué la porte sur le nez, et ce matin, quand je suis allé
chez elle pour lui présenter mes excuses, la suffocation con-
tinuait, et Anita m'a déclaré qu'il lui serait impossible de
jouer ce soir.

MONDÉSIR.

Nous verrons bien, si elle ne joue pas... Vous avez votre
voiture ?

BISCARA.

Oui.

MONDÉSIR.

Qu'est-ce qu'il nous faut pour aller chez Anita?

BISCARA.

Cinq minutes.

MONDÉSIR, prenant son chapeau.

Allons!

BOQUET.

Mais ce mariage qui attend...

MONDÉSIR, à Boquet.

Ah! ce mariage... Faites entrer les mariés, et dites-leur que je reviens... Allons, Biscara, et que le diable lui torde le cou à votre femme du monde.

BISCARA.

Ne dites pas ça... Si vous saviez comme elle est gentille... Oh! qu'elle est gentille!

Mondésir et Biscara sortent par la porte de droite, premier plan.

BOQUET, à Mathurin qui est entré par le fond.

Vous pouvez faire entrer la noce.

MATHURIN, ouvrant les deux battants de la porte du fond.

Vous pouvez entrer.

Entre la noce.

## SCÈNE IV

BOQUET, MATHURIN, LAMBERTHIER, NINA,
M. LE COMTE ESCARBONNIER,
MARASQUIN, BERTHE,
AMÉLIE, PAULINE, MARGUERITE,
Deux Autres Témoins, MADAME CAPITAINE.

### LAMBERTHIER.

D'abord M. le comte Escarbonnier, M. le comte Escarbonnier donnant le bras à ma Ninette.

> Entrée de Nina au bras d'Escarbonnier.

### ESCARBONNIER, à Nina.

Le mariage est une institution qui remonte à la plus haute
antiquité, et si on ne l'avait pas inventé autrefois, il n'est
pas bien sûr qu'on l'inventerait aujourd'hui...

### LAMBERTHIER.

M. Marasquin, maintenant, M. Marasquin et ses adorables
filles. (Entrent Marasquin et ses filles.) Les deux personnes obli-
geantes qui ont bien voulu compléter le nombre des témoins
exigés par la loi. (Entrent les deux témoins.) Et enfin, pour ter-
miner le cortège, maman Capitaine... maman Capitaine au
bras de l'homme le plus heureux qui soit au monde... Venez, maman Capitaine.

> Entre madame Capitaine au bras de Lamberthier. On referme la
> porte *.

### MADAME CAPITAINE.

Eh bien!... je peux vous le dire maintenant, je suis con-

* Nina, Escarbonnier, madame Capitaine, Lamberthier, Marasquin,
Berthe, Amélie, Pauline, Marguerite, Boquet et Mathurin près de l'estrade, les deux témoins au-dessus à droite.

tente, bien contente que Nina se soit décidée à vous épouser... j'étais pour vous, dans le fond.

### LAMBERTHIER.

Cette bonne maman Capitaine... ça me décide, ce que vous me dites-là... ça me décide à vous prier de me rendre un service.

### MADAME CAPITAINE

Quel service?

### LAMBERTHIER.

Vous aussi, ma Nina... vous aussi, mesdemoiselles... unissez-vous à moi pour demander à M. le comte Escarbonnier...

### ESCARBONNIER *.

Des séductions...

### BERTHE.

Qu'est-ce qu'il faut lui demander à M. le comte Escarbonnier?

### AMÉLIE.

Demandons-lui de nous raconter son histoire... ce sera amusant.

### LAMBERTHIER.

Non, non, ce n'est pas ça...

### ESCARBONNIER.

Ce doit être quelque chose de bien grave, monsieur, puisque vous employez de pareils moyens... Enfin, voyons, parlez...

### LAMBERTHIER.

Monsieur le comte Escarbonnier doit comprendre... Il est impossible qu'avec sa haute intelligence, monsieur le comte

---

* Madame Capitaine, Nina, Escarbonnier, Lamberthier, Marasquin, Berthe, Amélie, Pauline, Marguerite.

Escarbonnier ne comprenne pas que pour un homme qui se marie ce soir, il est bien dur d'être obligé, demain matin, de se trouver au bureau à neuf heures précises...

### ESCARBONNIER.

Ah! ah!

### LAMBERTHIER.

Alors je voulais vous demander... et je priais ces demoiselles de vous demander avec moi...

### LES DEMOISELLES.

Oh! oui, accordez-lui...

### BERTHE.

Vous ne pouvez pas lui refuser ça.

### ESCARBONNIER.

Je n'aime pas qu'un mari pense à ces choses là en entrant en ménage.

### TOUT LE MONDE.

Oh!

### ESCARBONNIER.

Le mariage est une chose austère, monsieur... cependant vous vous y êtes pris d'une telle façon, que je ne saurais résister. Vous pouvez, demain, ne pas venir au bureau à neuf heures...

### TOUT LE MONDE.

Ah!

### ESCARBONNIER.

Vous n'y viendrez qu'à neuf heures et demie.

### LAMBERTHIER.

Une demi-heure...

### MADAME CAPITAINE.

C'est maigre...

ESCARBONNIER.

Mais je ne m'en tiendrai pas là.

TOUT LE MONDE.

Ah!

ESCARBONNIER.

Je continuerai à être excellent pour vous, et, en attendant
l'arrivée de M. l'adjoint... (A Boquet.) Il finira par venir,
n'est-ce pas?

BOQUET.

Oui... oui... Il viendra tout à l'heure...

ESCARBONNIER *.

En attendant l'arrivée de M. l'adjoint, je veux bien ajouter quelques paroles à celles que je viens de prononcer.

LAMBERTHIER.

Est-ce vrai?

ESCARBONNIER.

Oui, mon jeune ami.

MARASQUIN.

Mesdemoiselles...

Les petites Marasquin viennent se placer près de M. le comte
Escarbonnier. — Petit tableau.

ESCARBONNIER.

Hum!

MADAME CAPITAINE, bas à Lamberthier.

Il va peut-être vous accorder cinq minutes de plus...

LAMBERTHIER.

Je l'espère.

_____

* Madame Capitaine, Nina, Lamberthier, Escarbonnier, Marasquin,
Berthe, Amélie, Pauline, Marguerite.

ESCARBONNIER.

J'ai une promesse à vous demander, mon jeune ami. Oui,
avant de vous laisser vous marier, il m'a semblé que mes
bienfaits, sans parler d'une supériorité que vous vous plaisez
à reconnaître, il m'a semblé, dis-je, que les bienfaits dont
je vous ai comblé me donnaient le droit d'exiger de vous
une promesse et un engagement.

LAMBERTHIER.

Quelle promesse, monsieur, quel engagement, je suis
tout prêt...

ESCARBONNIER.

Promettez-moi de pardonner.

TOUS, étonnés.

Pardonner...

LAMBERTHIER.

J'avouerai à M. le comte Escarbonnier, que je ne comprends pas très bien... pardonner à qui?

ESCARBONNIER, montrant Nina.

A elle!

LAMBERTHIER.

Comment?

ESCARBONNIER.

Oui, si jamais il lui arrivait... je sais que c'est là un ac-
cident auquel les hommes supérieurs sont plus exposés que
les autres... mais enfin, on ne sait pas...

TOUT LE MONDE.

Oh!

ESCARBONNIER.

Promettez-moi de pardonner... je suis pour le pardon,
moi... promettez-moi, promettez devant nous tous que si
pareille chose arrivait...

6.

### MADAME CAPITAINE.

On n'a pas idée de choisir un pareil moment... non, en
vérité... je respecte infiniment M. le comte Escarbonnier,
mais on n'a pas idée de choisir un pareil moment pour
venir parler...

### LAMBERTHIER.

Madame Capitaine a raison... ce n'est pas le moment...
n'est-ce pas, ma Ninette, que ce n'est pas?

### NINA.

Non, mon ami.

### MARASQUIN.

Ce n'est pas le moment, monsieur, ce n'est pas le moment.

### PREMIER TÉMOIN *.

Nous ne sommes ici que pour compléter le nombre des
témoins exigés par la loi, mais, vraiment, nous sommes
obligés de dire...

### DEUXIÈME TÉMOIN.

Que c'est une drôle d'idée que vous avez eue là, petit
père.

Les témoins remontent.

### ESCARBONNIER.

C'est bien, alors, c'est très bien... admettons que j'ai eu
tort, que je me suis trompé...

### LAMBERTHIER.

Je ne dis pas cela... certainement non, monsieur le
comte Escarbonnier, je ne me permettrais pas de dire...

---

* Madame Capitaine, Nina, Lamberthier, premier témoin, Escarbonnier, deuxième témoin, Marasquin, Berthe, Amélie, Pauline, Marguerite.

ESCARBONNIER.

J'avais cru bien faire en prévoyant l'avenir...

Lamberthier furieux éloigne Nina.

BERTHE, à ses sœurs.

C'est un brave homme tout de même, il paraît que lui il
a pardonné.

PAULINE.

Oui, il a pardonné à sa femme qui l'avait planté là.

MARGUERITE.

Pour aller faire la noce.

AMÉLIE, répétant le mouvement du premier acte.

Et allez donc!

LES QUATRE DEMOISELLES, même jeu.

Et allez donc!

ESCARBONNIER, furieux.

Qu'est-ce qu'elles ont dit?

MARASQUIN.

Rien, monsieur le comte Escarbonnier, rien. (Aux demoiselles.) Mais taisez-vous donc, ça fait partie des choses qu'il
ne faut pas dire.

On entoure les demoiselles, on les fait taire. — Lamberthier
essaie de calmer Escarbonnier. — Rentre, par la porte de
gauche. Mathurin.

MATHURIN, annonçant

M. l'adjoint!

Rentre Mondésir.

# SCÈNE V

## Les Mêmes MONDÉSIR.

Mathurin fait ranger la noce à droite. —On salue profondément Mondésir. — Celui-ci ne répond pas aux saluts.

BOQUET, allant à Mondésir.

Eh bien, monsieur?

MONDÉSIR, à Boquet *.

Eh bien, c'était vrai! Anita ne peut pas jouer... ne peut
pas chanter... d'ici à huit jours, il lui sera impossible...

BOQUET.

Oh!

MONDÉSIR.

Enfin, Biscara est allé, de ma part, trouver madame
Ténéas, qui a joué le rôle à Toulouse... Le diable est
qu'elle a quarante-cinq ans, madame Ténéas, qu'elle n'est
pas belle et qu'elle chante faux.

MATHURIN.

Malheureusement, c'est un rôle de femme, sans cela...

MONDÉSIR.

Laissez-moi tranquille, vous. (Mathurin remonte.) Qu'est-ce
que c'est que tous ces gens-là?

La noce salue.

BOQUET.

Mais c'est ce mariage, vous savez bien, ce mariage qui
attend...

Il remonte.

* Mathurin, Mondésir, Boquet, les deux témoins, Lamberthier,
Nina, madame Capitaine, Escarbonnier, les demoiselles, Marasquin.

MONDÉSIR.

Ah! oui... Eh bien, c'est bon... faites placer les mariés.

Il quitte son paletot et son chapeau et s'installe dans son fau
teuil. — Boquet se place à la petite table.

MATHURIN, plaçant les mariés *.

La mariée ici... Le marié dans l'autre fauteuil.

LAMBERTHIER.

Moi dans un fauteuil, tandis que M. le comte Escarbonnier est sur une chaise!

ESCARBONNIER.

Vraiment vous le remarquez, vous êtes bien bon.

LAMBERTHIER, à part.

Il m'en veut... Il est capable de me retirer ma demi-heure.

MATHURIN, à Lamberthier.

Allons, asseyez-vous.

ESCARBONNIER.

Asseyez-vous, puisqu'on vous le dit.

Toute la noce s'asseoit excepté Escarbonnier.

MONDÉSIR, mettant son écharpe, à Escarbonnier.

C'est vous qui êtes le marié?

ESCARBONNIER.

Non, je suis son bienfaiteur... le marié est un de mes
employés, alors j'ai cru devoir, malgré ma haute situation...

MONDÉSIR.

Asseyez-vous.

* Mondésir, Boquet, Mathurin, les témoins, Lamberthier, Nina,
madame Capitaine, Escarbonnier, les demoiselles, Marasquin.

ESCARBONNIER.

J'avais l'honneur de dire à monsieur l'adjoint...

MONDÉSIR.

Asseyez-vous, je vous dis !

ESCARBONNIER, à part.

Il ne sait pas qui je suis.

Il vient s'asseoir. — La noce est placée dans l'ordre suivant : Les deux témoins assis sur les deux chaises placées à droite des fauteuils. — Lamberthier et Nina dans les fauteuils, madame Capitaine et Escarbonnier sur les deux chaises placées à gauche des fauteuils. — Pauline et Berthe, Marasquin sur la première banquette. — Amélie et Marguerite sur la seconde.

MONDÉSIR, à part.

C'est fait pour moi, ça... cinq mille francs de location et se voir obligé...

BOQUET.

Monsieur...

MONDÉSIR, prenant le code.

Ah! oui, c'est vrai...

Il fait signe aux futurs de se lever.

ESCARBONNIER, à Marasquin.

Cet adjoint me paraît bizarre.

MONDÉSIR, aux mariés qui se sont levés.

Avant de prononcer votre union, je dois vous faire connaître, relativement au chapitre VI du code civil, quels sont les devoirs et les droits respectifs des époux. (Lisant.) « Art. 212... » (S'asseyant.) Madame Ténéas... Elle n'ira pas jusqu'au bout, madame Ténéas... Elle se fera empoigner.

BOQUET.

Monsieur...

MONDÉSIR.

Eh quoi?... vous ne connaissez pas quelqu'un, vous, qui pourrait jouer le rôle?

BOQUET.

Je ne connais que Mathurin... mais je ferai observer à monsieur l'adjoint...

Il lui montre les futurs restés debout.

MONDÉSIR.

Ah! oui, c'est vrai.

Il se lève.

ESCARBONNIER, à part.

Plus que bizarre.

MONDÉSIR, reprenant sa lecture.

« Art. 212. Les époux se doivent mutuellement fidélité, secours et assistance. »

ESCARBONNIER, de sa place.

Ils se doivent aussi le pardon.

MONDÉSIR.

Vous dites, monsieur?

ESCARBONNIER.

Je dis que les époux se doivent aussi...

MONDÉSIR.

Je vous serai obligé de ne pas interrompre.

ESCARBONNIER.

Mon avis est qu'il y a des interruptions qui illuminent un débat. Il paraît que je me trompe... je n'ai pas de bonheur aujourd'hui...

LAMBERTHIER, suppliant.

Monsieur le comte...

ESCARBONNIER.

C'est très bien, mon jeune ami, je ne vous en veux pas...
Seulement, demain matin, vous me ferez le plaisir... (A part.)
Si à neuf heures moins cinq, il n'est pas là pour signer la
feuille de présence...

MONDÉSIR, furieux.

« Art. 218. Le mari doit protection à sa femme. »

ESCARBONNIER.

Il lui doit aussi le pardon.

MONDÉSIR, avec violence.

Encore une fois, monsieur, je vous prie de ne pas interrompre. (Reprenant.) « Le mari doit protection à sa femme.
La femme doit obéissance à son mari. » (Les petites Marasquin se
mettent à rire.) Qu'est-ce que c'est?...

MADAME CAPITAINE, se levant.

Ne faites pas attention, monsieur, c'est le mot obéissance
qui les fait rire... les jeunes filles, vous savez...

Elle se rasseoit.

PAULINE, se levant.

Oh! non, ce n'est pas ça... ce qui m'a fait rire, moi, c'est
quand monsieur a dit : Le mari doit protection à sa femme.

Elle se rasseoit.

AMÉLIE, se levant, regardant Escarbonnier.

Comme s'il n'y avait pas des fois où la femme protège le
mari.

Même jeu.

BERTHE, se levant, désignant Escarbonnier.

Et qui le fait arriver.

Même jeu.

ESCARBONNIER, se levant, furieux.

Qu'est-ce qu'elles ont dit?

LAMBERTHIER.

Rien, monsieur le comte Escarbonnier... rien du tout. (Aux jeunes filles.) Voulez-vous bien vous taire... ça aussi ça fait partie des choses...

> Il est allé aux jeunes filles. — Nina va le chercher. — Mouvement général.

MONDÉSIR.

Ah çà!... qu'est-ce que c'est que cette noce-là?... (Aux mariés.) Voulez-vous vous marier, oui ou non? Si vous ne voulez pas...

> Il prend son paletot et son chapeau et se dispose à s'en aller.

NINA.

Mais si monsieur, mais si.

> Elle ramène Lamberthier.

MONDÉSIR.

Je veux bien m'en aller... moi... j'ai autre chose à faire.

BOQUET, le ramenant.

Monsieur...

MONDÉSIR, reprenant sa place.

Allons... y sommes-nous? (Tout le monde a repris sa place.) Monsieur Jules Lamberthier, consentez-vous à prendre pour femme et légitime épouse madame Ténéas?

> Stupéfaction générale.

ESCARBONNIER, à Marasquin.

Mais qu'est-ce que c'est que cette dame Ténéas?

BOQUET, à Mondésir.

Monsieur... monsieur...

7

MONDÉSIR, se reprenant.

Non... non... mademoiselle Antoinette Brunet ici présente.

LAMBERTHIER.

Oh! oui, monsieur, oh! oui.

MONDÉSIR.

Mademoiselle Antoinette Brunet, consentez-vous... (S'interrompant.) Ah çà! mais, c'est bien le nom... vous vous appelez Antoinette Brunet?

NINA.

Oui, monsieur.

MADAME CAPITAINE, se levant.

Nous l'appelons Nina, mais son vrai nom, c'est bien Antoinette Brunet.

Elle retourne s'asseoir.

MONDÉSIR, à part.

C'est bien le nom qu'on m'a dit... cette personne qui a chanté à la salle des familles. (Bas à Nina.) C'est bien vous qui, dernièrement, avez joué la comédie à la salle des familles?

NINA, étonnée.

Oui, monsieur.

MONDÉSIR, il descend vivement de l'estrade; — à la noce, après avoir fait passer Nina, à gauche *.

Messieurs, je vous en prie, ayez la bonté de passer un instant dans la salle voisine... J'ai à parler à mademoiselle d'une chose qui intéresse son avenir.

Tout le monde s'est levé.

* Nina, Mondésir, Lamberthier, madame Capitaine, Escarbonnier, les demoiselles, Marasquin.

ESCARBONNIER.

Comment?

MONDÉSIR.

Vous êtes le père?

ESCARBONNIER.

Plaît-il?

MONDÉSIR, montrant madame Capitaine.

Je vous demande si vous êtes le mari de madame?...

ESCARBONNIER.

Certainement non, je ne suis pas le mari de madame.

MONDÉSIR, à madame Capitaine.

Vous n'êtes donc pas la mère?

MADAME CAPITAINE.

De qui la mère?

MONDÉSIR.

De la mariée.

MADAME CAPITAINE.

Non, je ne suis pas la mère... je suis la marraine et la tutrice.

MONDÉSIR, la faisant passer à gauche.

La tutrice, vous pouvez rester...

LAMBERTHIER *.

Mais moi, moi qui suis le mari?...

MONDÉSIR.

Il s'agit d'une chose qui est bonne pour votre femme, et,

---

* Nina, madame Capitaine, Mondésir, Lamberthier, Escarbonnier, les demoiselles, Marasquin, Boquet, Mathurin et les témoins au-dessus.

par conséquent, bonne pour vous. Je vous en prie, monsieur... vous n'attendrez pas longtemps... Ouvrez la porte,
Mathurin... (Mathurin va ouvrir la porte du fond.) Messieurs, je
vous en prie...

### LAMBERTHIER.

En vérité, je ne comprends pas...

### ESCARBONNIER, sévèrement.

Moi non plus, je ne comprends pas... mais je m'incline;
moi, le comte Escarbonnier, je m'incline et je sors... et
quand j'aurai, moi, donné l'exemple de l'obéissance, je
voudrais bien voir que quelqu'un...

### PAULINE, à ses sœurs.

Il est bête, M. le comte Escarbonnier.

> Marasquin la fait taire.

### ESCARBONNIER, se retournant.

Qu'est-ce qu'elles ont dit?

> Les jeunes filles sortent par le fond, suivies de Marasquin.

### LAMBERTHIER.

Rien, monsieur le comte, rien... nous vous suivons. (Escarbonnier sort avec les témoins. — A Mondésir.) Pas longtemps,
vous nous avez dit, vous ne nous ferez pas attendre longtemps.

### MONDÉSIR, le reconduisant.

Non, non, n'ayez pas peur.

> Lamberthier sort à son tour ainsi que Boquet et Mathurin.

## SCÈNE VI

### NINA, MONDÉSIR, MADAME CAPITAINE.

MONDÉSIR, descendant entre Nina et madame Capitaine *.

Vite, maintenant, ne perdons pas une minute... chantez-moi les couplets du deuxième acte.

NINA.

Vous dites?

MONDÉSIR.

Oui... pour que je puisse juger votre voix, chantez-moi les couplets de la *Petite Poularde.*

NINA.

Mais, monsieur...

MONDÉSIR.

C'est vrai, vous non plus, vous ne devez pas comprendre: je suis le directeur du théâtre où l'on joue la *Petite Poularde*... Si vous êtes capable de jouer le rôle, je vous engage séance tenante, et votre fortune est faite... vous comprenez, maintenant?

NINA.

Vous m'engagez?

MO DÉSIR.

Oui

NINA.

Marraine!

* Nina, Mondésir, madame Capitaine.

MADAME CAPITAINE, suffoquée.

J'en suis comme ça, tu vois, j'en suis comme ça...

NINA, avec enthousiasme.

Le théâtre!... (Avec désespoir.) Mais je ne peux plus, maintenant, je ne peux plus, je suis mariée...

MONDÉSIR.

Vous n'êtes pas encore mariée...

MADAME CAPITAINE.

Monsieur a raison. Tu n'es pas encore mariée... et puis
qu'est-ce que cela ferait?... En quoi le mariage empê-
che-t-il?...

NINA.

C'est vrai, au fait, le mariage n'empêche pas du tout...

MONDÉSIR.

Au contraire...

Il remonte.

MADAME CAPITAINE, allant à Nina *.

Embrasse-moi, Ninette, et laisse-moi pleurer de satisfac-
tion... Le théâtre et l'honnêteté... Quel rêve!... le théâtre
avec M., le maire... (Faisant passer Nina.) Elle va vous les
chanter les couplets de la *Petite Poularde*.

MONDÉSIR.

Oui, oui, je vous en prie.

NINA **.

Mais vraiment, je ne sais pas si je pourrai... comme ça,
en mariée... Je m'attendais si peu,. jamais je ne me rap-
pellerai les paroles.

Entre Biscara par la droite.

* Nina, madame Capitaine, Mondésir.
** Madame Capitaine, Nina, Mondésir.

## SCÈNE VII

### LES MÊMES, BISCARA.

BISCARA *.

Je viens de chez madame Ténéas.

MONDÉSIR.

Nous n'avons plus besoin d'elle.

BISCARA.

Et vous faites bien de ne plus en avoir besoin... savez-vous ce qu'elle demande, madame Ténéas? Un engagement de deux ans... trois cents francs par représentation! cinq cents représentations garanties, et, comme loge, un appartement composé de trois pièces, avec le droit d'y recevoir trois personnes... une dans chaque pièce, probablement.

MONDÉSIR.

La voici celle qui jouera le rôle, la voici...

BISCARA.

Ah! qu'elle est gentille!

MONDÉSIR.

Cette jeune personne, à la salle des familles, vous savez...

BISCARA.

Eh! mais, c'est la mariée que j'ai aperçue tout à l'heure.

MADAME CAPITAINE.

Oui, monsieur, c'est nous.

BISCARA.

Oh! qu'elle est gentille! qu'elle est gentille!

* Madame Capitaine, Nina, Mondésir, Biscara.

NINA.

Eh bien, monsieur ! Eh bien...

MONDÉSIR.

N'ayez pas peur... c'est Biscara, la grosse Bisque, vous ferez connaissance au théâtre, et il vous enverra des bouquets. Allons, les couplets, maintenant... si vous ne vous rappelez pas les paroles, la grosse Bisque vous les soufflera... (A Biscara.) Vous les savez, les couplets du deuxième acte ?

BISCARA.

Si je les sais... je crois bien que je les sais !

                                        Il chante.

Un jour elle arriva...

NINA, continuant l'air.

... du Mans
La petite Poularde...

Oui, c'est cela... c'est bien cela...

BISCARA.

Qu'elle est gentille ! qu'elle est gentille !

NINA.

Monsieur...

MONDÉSIR.

Tenez-vous tranquille, voyons.... allez, mademoiselle.

NINA, chantant.

Un jour elle arriva du Mans
La petite Poularde...

Lamberthier pousse la porte du fond et entre brusquement.

# SCÈNE VIII

## Les Mêmes, LAMBERTHIER.

LAMBERTHIER.

Hé!... quoi?

NINA.

Oh! mon mari!

> Elle se sauve à gauche.

MONDÉSIR *.

Qu'est-ce qu'il y a, monsieur?

LAMBERTHIER.

Il m'avait semblé que l'on chantait...

MONDÉSIR.

Nous nous occupons de choses sérieuses, monsieur, de choses très sérieuses, et, je vous le répète, c'est pour votre bien que nous nous occupons...

LAMBERTHIER.

Pour mon bien?

MADAME CAPITAINE.

Mais oui, c'est pour votre bien...

NINA.

Oui, mon ami, c'est pour votre bien...

BISCARA.

Puisqu'on vous dit que c'est pour votre bien...

_____

* Nina, madame Capitaine, Lamberthier, Mondésir, Biscara

MONDÉSIR.

Je vous en prie, monsieur, encore cinq minutes de patience.

LAMBERTHIER.

Puisque vous dites tous que c'est pour mon bien... mais c'est égal... Dépêchez-vous, n'est-ce pas, dépêchez-vous... (On entend un éclat de rire dans la salle du fond.) Allons, bon ! Qu'est-ce qu'elles auront encore fait à M. le comte Escarbonnier?...

Il sort par le fond.

## SCÈNE IX

### NINA, BISCARA, MONDÉSIR. MADAME CAPITAINE.

MONDÉSIR *.

Allons, maintenant que nous sommes débarrassés... nous vous écoutons, mademoiselle.

NINA, chantant.

Un jour elle arriva du Mans
La petite Poularde...

On entend frapper au fond, Escarbonnier paraît.

## SCÈNE X

### Les Mêmes, ESCARBONNIER.

MONDÉSIR.

Encore !

. * Madame Capitaine, Nina, Mondésir, Biscara.

ESCARBONNIER, descendant *.

Je m'appelle le comte Escarbonnier, monsieur, et je dé-
sire vous adresser quelques paroles... Tout à l'heure, vous
nous avez dit de sortir, et je suis sorti, parce que je suis
d'avis, moi, que l'autorité doit toujours avoir raison... surtout quand elle a tort ! mais j'ai cru devoir rentrer pour
vous dire que vous n'aviez pas le droit de vous enfermer
avec la mariée.

MONDÉSIR.

Ah çà ! monsieur !...

ESCARBONNIER.

Laissez-moi continuer, monsieur. Je sais bien qu'autrefois, il y a eu quelque chose qui s'appelait le droit du seigneur !...

BISCARA et MADAME CAPITAINE.

Oh !

ESCARBONNIER.

Mais un officier municipal ne devrait pas ignorer que ce
droit, dont le charme n'excluait pas la barbarie, a été, depuis longtemps, abrogé par des règlements ultérieurs.

MONDÉSIR.

Monsieur... monsieur...

ESCARBONNIER.

Il suffit, monsieur, je me retire... mais vous vous trom-
pez bien si vous croyez que vous ferez aimer le régime ac-
tuel, en ressuscitant, à votre profit, des usages réprouvés depuis longtemps par l'opinion publique !

MONDÉSIR.

Monsieur !...

* Madame Capitaine, Nina, Escarbonnier, Mondésir, Biscara.

ESCARBONNIER.

Je sors... je sors...

Il sort par le fond.

# SCÈNE XI

Les Mêmes, MATHURIN, moins ESCARBONNIER.

MONDÉSIR.

Mathurin !... Mathurin ! (Entre Mathurin, par la gauche.) Ne laissez plus entrer personne !... personne !... personne !... vous entendez !

MATHURIN.

Personne ! monsieur l'adjoint, personne !... n'ayez pas peur.

Il sort par le fond.

# SCÈNE XII

Les Mêmes, moins MATHURIN.

MONDÉSIR *.

Ah ! il faut espérer que maintenant... (A Nina.) Les couplets, mademoiselle, je vous prie !...

NINA.

Très volontiers, monsieur !

BISCARA, allant à Nina.

Oh ! qu'elle est...

* Madame Capitaine, Nina, Mondésir, Biscara.

MONDÉSIR, voulant l'arrêter.

Eh bien !...

BISCARA.

Puisque je suis souffleur... Je m'en vais souffler !...

Soufflant *.

Un jour elle arriva du Mans...

NINA.

Oui, oui, je me rappelle, maintenant...

Elle chante. — Biscara servant de souffleur.

Air nouveau de M. BARILLER.

Un jour, elle arriva du Mans
        La petite Poularde ;
Elle était mis' très simplement.
        Et l'on n'y prit pas garde.
Mais, p'tit à p'tit, elle augmenta
        L'éclat de son plumage ;
Et, p'tit à p'tit, on la r'marqua,
        On l'aima davantage !
        Avec éclat.
— Depuis l'av'nu' Friedland,
Jusque au pont d'Grenelle !
Son succès était écrasant ;
N'y en avait plus qu' pour elle !

TOUS, reprenant.

Depuis l'av'nu' Friedland,
Jusque au pont d'Grenelle !
Son succès était écrasant ;
N'y en avait plus qu' pour elle !

MADAME CAPITAINE, allant à Mondésir.

Eh bien ! qu'est-ce que vous en dites ?

MONDÉSIR, avec enthousiasme.

Je dis, je dis que ma recette est sauvée... que nous som-

* Madame Capitaine, Nina, Biscara, Mondésir.

mes tous sauvés... Attendez un peu, je vais rédiger un petit engagement, vous n'aurez qu'à signer...

Il va écrire.

### NINA *.

Engagée... marraine, je suis engagée !

### BISCARA.

Je pars, mais je vais revenir, et j'espère, j'ose espérer que vous voudrez bien accepter...

### NINA.

Oui, monsieur, oui... Tout ce que vous voudrez... (A madame Capitaine.) Engagée !... je suis engagée !...

### BISCARA, à Mondésir.

Je m'en vais, Mondésir, mais je reviens... je reviens tout de suite.

### MONDÉSIR, écrivant toujours.

Bien, bien...

### BISCARA.

Qu'elle est gentille !... qu'elle est... (Il va pour embrasser Nina, mais c'est madame Capitaine qui attrape le baiser.) Eh bien, ma foi, elle a été gentille !

Il sort par la droite.

# SCÈNE XIII

## MONDÉSIR, NINA, MADAME CAPITAINE.

### MONDÉSIR, toujours à la table.

Là, si vous voulez signer...

* Mondésir, Biscara, Nina, madame Capitaine.

NINA.

Signer !... il me demande si je veux signer...

Elle prend la plume, mais madame Capitaine enlève le papier.

MADAME CAPITAINE *.

Un instant, s'il te plaît. (Elle parcourt l'engagement.) Quarante francs par soirée... et vingt représentations garanties... vous vous moquez de nous, pas vrai ?

MONDÉSIR.

Comment, je me moque...

MADAME CAPITAINE.

Vingt fois quarante... ça fait huit cents francs... Vous vous imaginez que, pour huit cents francs, nous allons renoncer à notre auréole d'honnête femme ?

MONDÉSIR.

Mais puisque mademoiselle consentait...

MADAME CAPITAINE.

Taratata... la petite est mineure... Elle ne peut rien signer sans mon consentement, à moi, sa marraine, et sa tutrice.

MONDÉSIR.

Eh bien, voyons, quelles sont vos conditions ?

MADAME CAPITAINE.

Mes conditions, mais vous les connaissez... la grosse Bisque vous les a dites tout l'heure...

MONDÉSIR, se levant.

Comment ?

MADAME CAPITAINE.

Ce sont celles de cette dame... Comment vous l'appelez ?

* Mondésir, madame Capitaine, Nina.

MONDÉSIR, descendant de l'estrade.

Madame Ténéas !... vous qui n'avez jamais paru sur aucun théâtre, vous voudriez être engagée aux mêmes conditions que madame Ténéas... une femme qui a quarante-cinq ans... et trente-sept ans de théâtre !...

MADAME CAPITAINE.

C'est gentil de notre part, nous ne demandons pas plus... mais nous demandons autant... trois cents francs par soirée.

NINA.

Oh ! oui, trois cents francs par soirée, c'est gentil ça !

MADAME CAPITAINE.

Un engagement de deux ans... cinq cents représentations garanties...

MONDÉSIR.

Soixante-quinze mille francs par an !

NINA.

Ah ! oui... soixante-quinze mille francs par an, c'est gentil ça !

MADAME CAPITAINE.

Quant au droit de recevoir trois personnes dans notre loge, nous n'y tenons pas, pas vrai, Nina?

NINA.

Oh ! non... mon mari seulement.

MONDÉSIR, de plus en plus ironique.

Voilà tout ?

NINA.

Oui, mon mari... et une autre personne, car s'il a envie d'amener un ami...

MADAME CAPITAINE.

Ça vous va-t-il? Si ça vous va, mettez ça sur votre papier, et nous signons.

MONDÉSIR.

Vous êtes folles, n'est-ce pas?... Voyons, soyez sincères, avouez-moi que vous êtes folles?

NINA.

Monsieur...

MONDÉSIR.

Certainement, mademoiselle chante gentiment... très gentiment, mais...

MADAME CAPITAINE, avec éclat.

La petite!... voulez-vous que je vous dise ce que c'est que la petite?... C'est le pain de vos vieux jours... elle vaut mieux dans son petit doigt que votre Anita dans toute sa personne! Ah! mais! où en trouverez-vous une qui soit gentille comme elle, et qui puisse dire vos indécences avec un air plus modeste?

Nina baisse les yeux.

MONDÉSIR, à part en regardant Nina.

C'est vrai!... (Haut.) Cinquante francs par soirée, et trente représentations, ça vous va-t-il?

MADAME CAPITAINE.

Non.

MONDÉSIR.

Soixante francs.

MADAME CAPITAINE.

Non.

NINA.

Marraine vous a dit nos conditions... Trois cents francs par soirée...

MADAME CAPITAINE.

Oui. Et cinq cents représentations en deux ans.

MONDÉSIR.

C'est votre dernier mot?

MADAME CAPITAINE.

Oui.

NINA.

Oui.

MONDÉSIR.

Oui?... Il est inutile, alors, de parler plus longtemps... Mathurin!

Mathurin entre par le fond.

MATHURIN.

Monsieur?

MONDÉSIR, montant sur l'estrade.

Faites entrer ces messieurs, nous allons procéder au mariage. (Mathurin va ouvrir la porte du fond.) Mais, quant au théâtre, vous pouvez y renoncer.

NINA.

Eh bien! j'aime mieux ça, après tout... quand on a envie
de rester honnête, ne pas être au théâtre, c'est toujours plus
sûr.

MADAME CAPITAINE, bas à Nina.

N'aie pas peur, il cédera.

NINA.

J'y compte bien, marraine, j'y compte bien!

MATHURIN, au fond.

Vous pouvez entrer.

Rentre la noce.

# SCÈNE XIV

### Les Mêmes, BOQUET et Toute la Noce.

LAMBERTHIER, allant à Mondésir *.

Ah! j'espère maintenant que vous allez me dire...

MONDÉSIR.

Rien du tout, monsieur, la négociation dont j'avais cru devoir me charger n'a pas réussi... je le regrette pour mademoiselle, je le regrette pour vous.

LAMBERTHIER.

Mais enfin, monsieur...

NINA, lui prenant le bras.

Tenez-vous tranquille, mon cher, vous saurez tout.

MONDÉSIR.

Ayez la bonté de reprendre vos places, messieurs, nous allons procéder au mariage.

Chacun reprend la place qu'il occupait à la première entrée. — Tout le monde s'assied excepté Escarbonnier.

ESCARBONNIER, s'approchant de l'estrade **.

S'il devait y avoir une nouvelle interruption, monsieur, je vous demanderais la permission d'aller faire acte de présence à la société des comptes aléatoires dont je suis le sous-directeur... Peut-être vous étonnerez-vous qu'un homme comme moi ne soit que sous-directeur...

---

* Mondésir, Boquet, Lamberthier, Mathurin, Nina, madame Capitaine, Escarbonnier, les demoiselles, Marasquin.

** Mondésir, Boquet, Escarbonnier, Mathurin, les témoins, Lamberthier, Nina, madame Capitaine, les demoiselles, Marasquin.

MONDÉSIR.

Non, monsieur... ça ne m'étonne pas.

ESCARBONNIER, regagnant sa place.

Ah!... (A part.) Je n'ai pas de bonheur aujourd'hui.

MONDÉSIR.

Mais n'ayez pas peur, monsieur, il n'y aura pas d'interruption nouvelle. Nous y sommes?

BOQUET.

Oui, monsieur l'adjoint, oui.

Mondésir fait signe aux mariés de se lever.

MONDÉSIR, à part et redescendant de l'estrade.

Où irons-nous, alors, avec des mises en scène de cent mille francs?...

ESCARBONNIER.

Le voilà reparti!

Mouvement général. — Jeu de scène. — Les mariés vont se rasseoir.

MONDÉSIR, continuant.

Des auteurs qui veulent des primes... et des actrices qui, avant même d'avoir joué, vous demandent...

Boquet va à Mondésir.

MARASQUIN, à Escarbonnier.

Qu'est-ce qui nous a fourré un adjoint comme ça?...

ESCARBONNIER.

Nous nous sommes trompés, nous ne devons pas être à la mairie.

MATHURIN, à la noce.

Ne faites pas attention... c'est la première fois qu'il marie, il n'a pas l'habitude.

BOQUET, à Mondésir en lui montrant la noce.

Monsieur... monsieur...

MONDÉSIR, reprenant sa place.

Ah! oui, je sais... (Aux mariés, après leur avoir fait signe de se lever.) Avant de prononcer votre union, je dois vous faire connaître relativement au chapitre VI du code pénal... non du code civil... (A Nina.) Voyons, cent francs, là, cent francs par soirée?

NINA.

Non.

Lamberthier regarde tour à tour Nina et Mondésir en ayant l'air de se demander ce que cela veut dire.

MONDÉSIR.

Cent cinquante?

NINA.

Non.

MONDÉSIR.

Deux cents?

NINA.

Non.

MONDÉSIR

Deux cent cinquante?

Ahurissement d'Escarbonnier, de Lamberthier, des Marasquin et des témoins.

ESCARBONNIER, à Marasquin.

Je disais bien que nous n'étions pas à la mairie... nous sommes à l'hôtel des ventes!...

NINA, à Mondésir.

Et combien de représentations garanties?

MONDÉSIR.

Deux cents.

NINA.

Marraine?

MADAME CAPITAINE, se levant.

Eh bien?

NINA.

Il offre deux cent cinquante francs avec deux cents re-présentations garanties.

MADAME CAPITAINE.

Ça, ça peut s'accepter.

NINA, à Mondésir.

J'accepte !

MONDÉSIR.

Et vous signez?

NINA.

Je signe !...

LAMBERTHIER.

Comment, vous signez !...

MADAME CAPITAINE.

Et moi aussi, moi, la marraine et la tutrice.

Elle signe.

LAMBERTHIER.

Qu'est-ce que ça veut dire, à la fin? qu'est-ce que vous acceptez, qu'est-ce que vous signez?

MONDÉSIR, pliant l'engagement qu'il met dans sa poche.

Un engagement ; votre femme entre à mon théâtre !

TOUS, se levant *.

Au théâtre !...

* Mondésir, madame Capitaine, Nina, les demoiselles, Lamberthier, Escarbonnier, Marasquin, Boquet, Mathurin et les témoins au-dessus.

LES PETITES MARASQUIN.

Tu nous emmèneras, Nina, tu nous emmèneras...

ESCARBONNIER, à Nina.

Je vous en félicite, madame, et vous pouvez compter sur ma présence, toutes les fois que vous interpréterez une œuvre vraiment digne de ce nom.

MONDÉSIR.

Il s'agit bien d'une œuvre... c'est dans la *Petite Poularde* qu'elle doit débuter.

LAMBERTHIER.

Mais je ne veux pas, moi, je ne veux pas que ma femme joue la *Petite Poularde*... je m'y oppose absolument, absolument, vous entendez!...

MADAME CAPITAINE, allant à lui *.

Et de quel droit?

LAMBERTHIER.

De mon droit de mari... Vous m'avez demandé si je consentais à prendre pour femme mademoiselle Antoinette Brunet, ici présente... j'ai répondu oui, donc je suis marié.

MONDÉSIR.

Mais mademoiselle n'a rien encore répondu, elle.

NINA.

Tout de suite, monsieur, je répondrai tout de suite... finissons la cérémonie.

MONDÉSIR.

Vous tenez à vous marier, vraiment?

NINA.

Mais oui... j'y tiens.

Mondésir, Nina, madame Capitaine, Lamberthier, Escarbonnier, Mrasquin. — Les autres personnages au-dessus.

MONDÉSIR.

Pourquoi... ne vous mariez donc pas... à quoi bon?

NINA.

Oh! monsieur le maire...

ESCARBONNIER.

Eh bien, à la bonne heure, voilà un maire qui ne vante pas sa marchandise.

MONDÉSIR, remontant sur l'estrade.

Enfin... puisque vous le voulez... tout le monde en place...

LAMBERTHIER, resté seul à l'avant-scène.

Non, non... je ne veux plus de mariage, moi, je ne veux plus...

ESCARBONNIER, exaspéré, allant à lui.

Vous n'avez plus le droit de ne plus vouloir, vous... vous avez dit oui, vous êtes marié... Et puis, en voilà assez! nous n'allons pas coucher ici!...

Excepté Lamberthier, tout le monde a repris sa place.

MONDÉSIR, debout.

Mademoiselle Antoinette Brunet?

NINA.

Monsieur?

MONDÉSIR.

Consentez-vous à prendre pour mari, le sieur Jules Lamberthier, ici présent?

NINA, allant à Lamberthier.

Vraiment, monsieur... vous ne voulez pas?

LAMBERTHIER, se résignant.

Ah! Nina! ma Ninette...

NINA, à Mondésir.

Oui, monsieur, oui, je consens.

Ils signent.

MONDÉSIR, descendant de l'estrade.

Là, vous êtes mariés... Au théâtre, maintenant, au théâtre pour les raccords, vous jouerez ce soir.

LAMBERTHIER, faisant un bond

Comment, ce soir!

MONDÉSIR *.

Mais oui!... il me semble que je paie assez cher... deux cent cinquante francs par soirée...

LAMBERTHIER.

Deux cent cinquante francs!...

TOUS.

Compliments, mon ami, compliments!...

Entre Biscara, par le fond, avec un bouquet énorme.

# SCÈNE XV

## LES MÊMES, BISCARA.

BISCARA **.

Et me voilà moi, avec mon bouquet!

NINA.

Merci, monsieur... (Donnant le bouquet à madame Capitaine.) Tiens, marraine.

* Mondésir, madame Capitaine, Nina, Lamberthier, Escarbonnier Marasquin, les demoiselles.

** Mondésir, madame Capitaine, Nina, Biscara, Lamberthier, Escarbonnier, Marasquin, les demoiselles.

8

BISCARA, embrassant Nina.

Oh! qu'elle est gentille!

LAMBERTHIER, se précipitant.

Eh bien, monsieur, eh bien!

BISCARA, se retournant.

Monsieur est le mari?

LAMBERTHIER.

Oui, monsieur...

BISCARA.

Votre main, monsieur, votre main, je vous en prie.

Il lui serre la main.

MONDÉSIR.

Au théâtre, maintenant, au théâtre.

Il va pour prendre son paletot et son chapeau.

TOUS.

Au théâtre.

Mouvement de sortie.

MONDÉSIR, sur l'estrade.

Mais non, au fait... (On s'arrête.) nous n'avons pas besoin d'aller au théâtre... maintenant que nous avons du monde pour chanter le chœur... Nous pouvons répéter le refrain des couplets de la *Petite Poularde*.

ESCARBONNIER, à Mondésir.

Depuis une heure, vous avez fait des choses bien étranges... Je vais, moi, le comte Escarbonnier, en faire une plus étrange encore... je vais daigner me mêler aux chœurs.

#### MONDÉSIR.

Trop bon, monsieur, trop bon... Nous y sommes *? Nous reprenons le refrain.

> Chantant :
>
> Depuis l'av'nue Friedland...
>
> Il bat la mesure, et, de l'estrade, dirige les chœurs.

### REPRISE EN CHŒUR.

Depuis l'av'nue Friedland
Jusque au pont d' Grenelle !
Son succès était écrasant ;
N'y en avait plus qu' pour elle !

---

* Biscara, Mondésir, Boquet, Mathurin, les témoins. Lamberthier, Nina, madame Capitaine, Pauline, Escarbonnier, Berthe, Marguerite, Amélie, Marasquin.

# ACTE QUATRIÈME

Chez Anita. — Décor du premier acte.
La table est un peu plus à droite. — Deux lampes allumées sur la
cheminée.

———

## SCÈNE PREMIÈRE

### ANITA, AMANDINE, LÉONIE.

Anita assise sur le canapé, Léonie au-dessus de la table, Amandine sur
le fauteuil à gauche. — Elles achèvent de prendre le café. — Entre
Bob, le groom, tenant un plateau sur lequel se trouve une boîte de
cigarettes *.

AMANDINE.

Dites-moi, Bob?

BOB.

Madame ?

AMANDINE.

Personne n'est venu me demander ?

BOB.

Non, madame, personne n'est venu vous demander.

* Amandine, Bob, Léonie, Anita.

LÉONIE.

Et la femme de chambre n'est pas encore revenue du
théâtre?

BOB.

Non, madame, mademoiselle Lysca, la femme de chambre,
n'est pas encore revenue du théâtre.

Il a mis les cigarettes sur la table et il s'en va.

ANITA *.

De quoi pouvez-vous avoir peur?

LÉONIE.

Mais, de ne pas être là quand on lèvera le rideau et d'être
obligées de payer la recette.

ANITA.

On ne jouera pas, je vous dis:... c'est bien pour vous faire
plaisir que j'ai dit à Lysca d'aller voir au théâtre... il est
bien évident qu'on ne jouera pas puisque je ne peux pas
jouer... on fera relâche puisque je suis malade...

LÉONIE.

Oh! malade...

AMANDINE, se levant et venant poser sa tasse sur la table.

Il me semble que ça va mieux maintenant...

ANITA.

Hou! hou!...

AMANDINE, remontant au-dessus du canapé **.

Il me semble même que ça va tout à fait bien.

ANITA, riant.

Ça ne va pas trop mal, voilà la vérité, ça ne va pas trop
mal...

* Amandine, Léonie, Anita.
** Léonie, Amandine, Anita.

LÉONIE.

Nous avons eu raison de te forcer à te lever et à dîner...
ça t'a fait du bien, de dîner...

Elle se lève.

ANITA, en riant.

Ça m'a sauvée tout uniment... j'étais morte sans ça...
j'étais morte.

AMANDINE.

Ce qui m'étonne, c'est que tu te sois mise dans un pareil
état à cause de Raoul.

ANITA.

Je m'en moque pas mal de Raoul... ce qui m'a mise en
colère, c'est de voir cette... cette femme du monde se
moquer de moi. (Se levant *.) Elle avait une si drôle de manière de me dire : (Avec un accent.) « Comment ! ma chère,
vous êtes jalouse... est-il possible que vous soyez jalouse ?
J'ai vu bien des choses curieuses à Paris, mais la plus curieuse sera de vous avoir vue jalouse. » Et je ne trouvais
rien à répondre... rien, rien, rien ! Voilà ce qui m'a rendue
malade ; mais, quant à Raoul, on ne dit pas que je l'aime,
au moins, dans les cercles ?...

LÉONIE.

Au contraire, on dit que tu regrettes toujours le vicomte
de Champ-d'Azur.

ANITA.

Édouard ?

AMANDINE.

Oui !

ANITA.

Sait-on ce qu'il devient ?

---

* Léonie, Anita, Amandine.

AMANDINE.

Il ne doit pas être très content... Sa grisette l'a planté là pour se marier... Je crois que ce pauvre vicomte ne serait pas éloigné de revenir par ici, pour voir...

ANITA.

Qu'il ne fasse pas ça !

AMANDINE.

Ah !

ANITA.

Qu'il ne fasse pas ça... il ne tarderait pas à s'en repentir.

AMANDINE.

Tu le mettrais à la porte ?

ANITA.

Non ! je le reprendrais.

Elle va s'asseoir à gauche. — Léonie s'assied près d'elle. — Amandine a sonné. — Entre Bob.

AMANDINE *.

On n'est pas encore venu me demander ?

BOB.

Non, madame, pas encore !

Il sort.

ANITA.

Ah çà !... qui donc attends-tu avec tant d'impatience ?...

AMANDINE, allant à elle.

Un amoureux à moi... un nouvel amoureux que je voudrais te présenter.

ANITA.

Qui est-ce ?

* Léonie, Anita, Bob, Amandine.

LÉONIE, se levant.

Oh! tu ne le connais pas.

ANITA.

Gentil?

AMANDINE.

Si gentil que je crois bien que j'ai tort de te le laisser voir... tu me le prendras...

ANITA, froissée.

Oh! Amandine... (Les deux femmes se mettent à rire.) Qu'est-ce que vous avez à rire?

LÉONIE.

Mais... nous rions... parce que nous sommes de bonne humeur.

AMANDINE.

Et nous sommes de bonne humeur, parce que nous te voyons bien portante... après t'avoir vue à la mort.

LÉONIE.

Mais, au fait... puisque tu es bien portante, pourquoi ne fais-tu pas savoir à Mondésir que tu peux jouer ce soir?

ANITA.

Ah! bien, tiens... non...

AMANDINE.

Non!

ANITA.

J'aime bien mieux qu'il perde une recette... ça lui apprendra...

LÉONIE.

Qu'est-ce que ça lui apprendra?

ANITA.

Je ne sais pas, mais ça lui apprendra. — Nous allons rester bien gentiment toutes les trois...

LÉONIE.

Mais si l'on joue...

ANITA.

Puisque je vous dis que l'on ne jouera pas... Nous allons rester ici toutes les trois. (A Amandine.) Et toi, en attendant que ton amoureux arrive, tu vas nous lire le feuilleton d'aujourd'hui... il est là, tiens...

Elle désigne le journal qui se trouve sur le canapé.

AMANDINE, s'installant sur le canapé.

Vous y êtes ?

ANITA.

Nous y sommes...

AMANDINE.

Je commence alors... (Lisant.) « Nana était couchée... »

ANITA.

Bien !

Entre le groom, il fait signe à Amandine.

BOB *.

Madame...

AMANDINE.

C'est la personne ?

BOB.

Oui, madame.

AMANDINE.

J'y vais.

Elle laisse le journal et sort.

* Léonie, Anita, Bob, Amandine.

ANITA.

Mais qu'est-ce que ça veut dire à la fin... qu'est-ce que c'est que cet amoureux?...

LÉONIE.

Je ne sais pas, moi, je ne sais pas...

Entre Amandine, elle parle à quelqu'un que l'on n'aperçoit pas encore.

AMANDINE.

Venez donc, n'ayez pas peur...

Entre le vicomte.

ANITA.

Édouard!

ÉDOUARD.

Anita !

ANITA.

Ah !

Elle tombe, un peu au comique, dans les bras du vicomte.

LÉONIE, à Amandine *.

C'est touchant, n'est-ce pas ?

AMANDINE.

Ça me rend meilleure !...

ANITA, assise sur le fauteuil. — Le vicomte est à ses pieds.

Ah ! mes amies... mes bonnes amies... c'est bien, ce que vous avez fait là... Jamais je n'oublierai... c'est très délicat... très délicat.

Entre Lysca.

* Anita, le vicomte, Léonie, Amandine.

## SCÈNE II

### LES MÊMES, LE VICOMTE, LYSCA.

LYSCA.

On joue ce soir... Mesdames, vous n'avez pas une minute
à perdre...

ANITA, se levant *.

Comment, l'on joue...

LYSCA.

Oui, madame.

ANITA.

C'est impossible, qu'est-ce qui joue mon rôle?

LYSCA.

Ça, madame, je ne sais pas.

AMANDINE.

Probablement madame Ténéas, je sais qu'elle est à Paris...

ANITA.

Mais il ne devait y avoir personne... ceux qui étaient entrés se faisaient rendre leur argent, n'est-ce pas, et s'en al-
laient?...

LYSCA.

Il y avait beaucoup de monde, madame, et j'ai même vu
quelque chose qui aurait bien fait rire madame... Toute
une noce... la mariée en tête, qui arrivait au théâtre.

LE VICOMTE.

Toute une noce!...

---

* Le vicomte, Anita, Lysca, Léonie, Amandine.

LYSCA.

Et c'étaient des gens qui ne devaient pas avoir l'habitude d'aller au spectacle, car, au lieu d'entrer par la grande porte, ils sont entrés par la porte des artistes, j'avais envie de crier : Ohé! la noce, c'est pas par là...

> Elle remonte.

LÉONIE.

Adieu, Anita.

> Les deux femmes ont mis leurs fourrures.

ANITA.

Adieu ! adieu !

> Léonie remonte.

AMANDINE.

C'est gentil, n'est-ce pas que c'est gentil, ce que nous avons fait pour toi ?...

ANITA.

Qu'est-ce que vous avez fait?

AMANDINE, montrant le vicomte.

Eh bien ! mais...

ANITA.

Ah! oui, c'est vrai... merci.

> Les deux femmes embrassent Anita, et font un signe d'adieu au vicomte.

LE VICOMTE.

Mesdames!

> Les deux femmes sortent.

ANITA, à Lysca qui va sortir *.

Lysca...

LYSCA.

Madame ?

* Le vicomte, Lysca, Anita.

ANITA.

Prenez la voiture du vicomte, et courez au théâtre, vous vous informerez... vous demanderez quelle est la personne qui joue mon rôle, et vous reviendrez me le dire... au galop !

LYSCA.

Oui, madame...

ANITA.

Dites au cocher de ne pas ménager le cheval, vous m'entendez ?...

LYSCA.

N'ayez pas peur, madame.

Elle sort.

## SCÈNE III.

### LE VICOMTE, ANITA.

LE VICOMTE tendrement *.

Enfin ! nous voilà seuls... Anita !...

ANITA, assise sur le canapé.

Hé !... quoi ! qu'est-ce que vous dites ?

LE VICOMTE.

Je dis... Anita...

ANITA.

Ah ! oui... c'est vrai... Vous comprenez ça, vous, que ce Mondésir se permette de jouer la *Petite Poularde*.

* Le vicomte, Anita.

LE VICOMTE.

Ça l'aura ennuyé de perdre une recette...

ANITA.

Une recette! Ah! ah! elle sera jolie, la recette, quand on saura que je ne joue pas.

LE VICOMTE.

Anita... voyons... Anita.

ANITA.

Vous ne trouvez que ça à dire: Anita, voyons, Anita... au lieu de vous indigner, au lieu de bondir!

LE VICOMTE.

Je vous avouerai que, pour le moment, je ne pense guère à ce qui se passe au théâtre.

ANITA.

Vous ne pensez guère?...

LE VICOMTE.

Non! je vous avoue...

ANITA.

A quoi donc pensez-vous alors? A quoi pensez-vous?... Je serais curieuse de le savoir.

LE VICOMTE.

Mais je pense à la façon tout à fait gentille dont vous m'avez reçu tout à l'heure.

ANITA.

Ah!

LE VICOMTE.

Je pense à la bonté avec laquelle vous m'avez pardonné tout de suite, sans phrases, je pense au plaisir que j'é-prouve à me retrouver près de vous... comme autrefois... après deux longs mois de séparation...

ANITA.

C'est vrai, vous n'êtes pas artiste, vous.

LE VICOMTE.

Amoureux, moi, amoureux tout bonnement!

ANITA.

Et alors, en votre qualité d'amoureux...

LE VICOMTE, s'asseyant près d'elle.

En ma qualité d'amoureux, je voudrais passer près de vous une de ces bonnes soirées comme nous en passions autrefois... Vous là, tenez... et moi, près de vous... vous racontant les potins du jour ou vous lisant le roman à la mode.

ANITA.

Eh bien! il est là, le feuilleton, prenez-le et lisez-le moi.

Elle lui donne le journal.

LE VICOMTE.

Vous voulez bien?

ANITA.

Puisque c'est moi qui vous le demande. (A part.) Madame Ténéas!...

LE VICOMTE.

Eh!

ANITA.

Rien... rien... allez.

LE VICOMTE.

Ah!... (Lisant.) « Nana était couchée... »

ANITA, se levant et passant *.

Madame Ténéas! Elle n'ira pas jusqu'au bout, madame Ténéas! elle se fera empoigner!

* Anita, le vicomte.

LE VICOMTE, se levant.

Plaît-il ?

ANITA.

Il est impossible que Mondésir ait songé sérieusement à faire jouer par madame Ténéas, il faut qu'il ait découvert quelqu'un. (Au vicomte.) Sais-tu ce que tu ferais, si tu m'aimais véritablement ?

LE VICOMTE.

Qu'est-ce que je ferais ?

ANITA.

Tu prendrais une voiture, et tu irais au théâtre voir pourquoi Lysca ne revient pas.

LE VICOMTE, qui allait sortir.

C'est inutile, la voici !...

ANITA.

Enfin ! je vais donc savoir... Eh bien ! qu'est-ce qu'elle fait ? Pourquoi ne vient-elle pas ? Lysca ! Lysca !

Entre Lysca.


# SCÈNE IV

## LES MÊMES, LYSCA.


LYSCA, essoufflée *.

Eh ! madame ! il m'a bien fallu le temps...

ANITA.

Parle ! Qui est-ce qui joue?

LYSCA.

C'est la mariée, madame !

_____
* Anita, Lysca, le vicomte.

ANITA.

La mariée !

LYSCA.

Oui, madame... cette mariée que j'ai vue entrer par la porte des artistes... avec sa noce...

ANITA.

Eh bien ?...

LYSCA.

C'était la débutante.

ANITA.

Qu'est-ce qu'elle raconte là, elle est folle.

LYSCA.

Non, madame ! je ne suis pas folle, je suis peut-être bête, et encore je ne le crois pas, mais je ne suis point folle ; elle a chanté les couplets de la *Petite Poularde*, elle les a chantés à la mairie...

Chantant :

Depuis l'av'nue Friedland...

ANITA, interrompant Lysca.

Eh bien?...

LYSCA.

Ça a fait de l'effet. Alors M. Mondésir l'a engagée, parce qu'elle avait déjà joué le rôle à la salle des familles.

LE VICOMTE.

A la salle des familles...

LYSCA.

Oui, monsieur.

LE VICOMTE.

Mais alors, c'est Antoinette, Antoinette Brunet.

LYSCA.

Juste, Antoinette Brunet... c'est bien le nom que l'on m'a dit... Je ne suis point folle.

*Elle remonte.*

LE VICOMTE.

Elle débute ce soir, il faut que j'aille voir ça.

ANITA.

Vous partez ?

LE VICOMTE.

Vous m'avez dit d'aller au théâtre... j'y vais. Si vous voulez, je viendrai vous raconter ce qui s'y sera passé...

ANITA.

Vous me ferez plaisir.

LE VICOMTE.

A tout à l'heure, alors.

ANITA.

Oui, à tout à l'heure.

*Le vicomte sort.*

# SCÈNE V

## LYSCA, ANITA.

ANITA *.

Un chapeau tout de suite, un manteau, des gants...

LYSCA.

Oui, madame!

*Elle sort à gauche.*

* Lysca, Anita.

ANITA, seule.

Ce qui se sera passé au théâtre, mon cher, vous n'aurez pas besoin de venir me le raconter, j'y serai moi aussi, j'y serai. (Regardant sa montre.) Huit heures cinq, mes amis sont en train de dîner maintenant... au Café Anglais, à la Maison d'Or, à leur cercle... en une demi-heure, j'aurai le temps de les rassembler... Ah! de l'argent. (Elle prend de l'argent dans un meuble.) J'achèterai aux marchands de billets toutes les places qu'ils auront, et elles seront bien occupées, ces places-là, bien occupées... la débutante peut être tranquille. (Rentre Lysca, apportant le manteau, le chapeau et les gants.) Vous avez un peu flâné dans le théâtre...

LYSCA, l'aidant à mettre son manteau.

Oui, madame! pour essayer de savoir...

ANITA.

Et qu'est-ce qu'on dit de la débutante?

LYSCA.

On croit qu'elle aura du succès...

ANITA, bondissant, furieuse.

Qui est-ce qui a dit ça?

LYSCA, effrayée.

Le concierge! Mais il dit aussi que si M. Mondésir la préfère à madame, ce n'est pas parce qu'il lui trouve plus de talent, c'est parce qu'elle est mariée, et que maintenant c'est la mode qu'on soit marié dans les théâtres. Ainsi lui, le concierge...

Coup de sonnette.

ANITA.

On a sonné, Lysca.

LYSCA.

Oui, madame, on a sonné.

Entre le groom.

BOB *.

Madame, c'est M. Biscara.

ANITA.

Biscara ! c'est Mondésir qui l'envoie... il veut être sûr
que je ne sais rien, que je ne songe pas à bouger d'ici... il
a peur.

LYSCA.

Il n'a peut-être pas tort, à en juger par les intentions que
paraît avoir madame.

ANITA.

Vous allez recevoir M. Biscara. Avant de le recevoir, vous
baisserez les lampes ; s'il demande pourquoi, vous lui direz
que c'est parce que je suis souffrante, très souffrante...

LYSCA.

Bien, madame.

ANITA, se dirigeant vers sa chambre.

Après ça, vous viendrez me retrouver. Je vous dirai ce
que vous avez à faire. (Riant.) Ah ! ah ! ah !

LYSCA, étonnée **.

Madame !

ANITA.

Rien ! C'est un petit accès de gaîté, un tout petit accès, en
pensant à ce qui va se passer, dans une heure, au théâtre
des Folies-Amoureuses.

> Elle entre dans sa chambre, le groom n'est pas sorti, après avoir
> annoncé Biscara, il est resté à droite, guignant de l'œil le jour-
> nal qui est resté sur le canapé. Dès qu'Anita est sortie,
> il prend le journal, s'assied, et commence à lire.

* Lysca, le groom, Anita.
** Anita, Lysca, Bob.

BOB, lisant.

« Nana était couchée. »

LYSCA.

Qu'est-ce que c'est? Je t'en donnerai, moi, des Nana! (Elle lui donne une calotte et reprend le journal. — Baissant les lampes.) Là, et maintenant, ouvre la porte à M. Biscara...

BOB, à la porte.

Quand vous voudrez, la Bisque!

Entre Biscara. — Nuit complète.


# SCÈNE VI

## BISCARA, LYSCA.


BISCARA, entre en courant et va se cogner contre un fauteuil, à gauche.

Qu'est-ce qu'il a dit... (Le groom se sauve.) Tiens! l'on n'y voit goutte.

LYSCA *.

On y voit un peu.

BISCARA.

Pas beaucoup.

LYSCA.

C'est madame qui a ordonné, parce qu'elle est souffrante, madame, elle est souffrante... très souffrante.

BISCARA.

Est-ce qu'elle ne pourra pas me recevoir?

---

* Biscara, Lysca.

LYSCA.

Je vais le lui demander.

Elle entre à gauche.

## SCÈNE VII

### BISCARA, seul.

Mondésir m'envoie pour surveiller Anita... A sa place, moi, ce n'est pas d'Anita que j'aurais peur... c'est du mari. Je ne sais pas, ce mari-là... j'ai causé avec lui, il ne me paraît pas à la hauteur... D'abord, il a fait la grimace, quand j'ai offert un bouquet à sa femme... Je vous le demande, s'il fait déjà la grimace, quand c'est moi, qu'est-ce qu'il fera donc, quand ce seront les autres ?

Entre Lysca, avec une robe de chambre de sa maîtresse, le vi-<br>sage enveloppé dans un voile de dentelle.

## SCÈNE VIII.

### BISCARA, LYSCA.

LYSCA *.

Hum! hum!

BISCARA.

C'est vous, Anita?

LYSCA, d'une voix mourante.

Oui, c'est moi... (A part.) Madame m'a dit qu'il suffirait de

* Lysca, Biscara.

le retenir ici pendant un quart d'heure. (Haut.) Où êtes-vous, venez, donnez-moi le bras.

BISCARA, lui donnant le bras.

Tiens, l'on dirait que vous êtes rapetissée.

LYSCA, se dresse sur la pointe de ses pieds.

Ce sont les souffrances, mon ami, ce sont les souffrances... conduisez-moi... (Il la conduit jusqu'au fauteuil, à gauche, elle s'y installe.) Là! je vous remercie. Quelle heure est-il?

BISCARA.

Je ne sais pas au juste.

LYSCA.

Regardez à votre montre.

BISCARA.

C'est que je ne peux pas voir...

LYSCA.

Près de la lampe, vous pourrez...

BISCARA.

Vous y tenez?...

LYSCA.

Oui...

BISCARA, allant près de la lampe.

Il est huit heures dix...

LYSCA.

Huit heures dix?

BISCARA.

Oui!...

LYSCA.

C'est bien, vous pouvez revenir... revenez, mettez-vous là, et parlez-moi d'amour.

BISCARA.

Que je vous parle d'amour? mais certainement je vous parlerai... (A part.) Tiens, on dirait qu'elle est plus gentille que d'ordinaire... (Haut.) Parler d'amour aux petites femmes, mais c'est ma fonction, c'est ma spécialité. Je me rappelle... il y a bien longtemps de cela... je me rappelle que lorsque j'étais tout petit, pas plus haut que ça, je parlais déjà d'amour... et vous me demandez si je veux... (A part.) Jamais elle n'a été gentille comme cela, jamais, jamais.

Il s'est agenouillé près d'elle et lui baise les mains.

LYSCA.

Biscara!...

BISCARA.

Ma colombe?

LYSCA.

Quelle heure est-il?

BISCARA.

Quelques minutes de plus.

LYSCA.

Non, dites-moi au juste, je veux savoir...

BISCARA.

Il faut que je retourne à la lampe, alors...

LYSCA.

Oui...

BISCARA, à part en allant à la cheminée.

C'est une manie, une manie de malade. (Haut.) Il est huit heures dix-huit minutes.

LYSCA.

C'est très bien, revenez et parlez-moi d'amour !

BISCARA.

Encore?

TYSCA.

Oui!

BISCARA, à part.

Ah! mais elle est trop gentille, décidément... elle est trop gentille! (Haut.) Que je vous parle d'amour?

LYSCA.

Oui!

BISCARA, à part.

C'est drôle... on va chez une petite femme avec l'intention formelle de lui parler d'amour... on est bien décidé... bien résolu... cette petite femme vous dit: Mettez-vous là et parlez-moi d'amour... on ne trouve plus rien à dire.

Il vient s'asseoir près d'elle.

LYSCA.

Est-ce que c'était sérieux, dites-moi, est-ce que c'était sérieux ce que vous disiez l'autre jour à Lysca?

BISCARA.

Ce que je disais à Lysca?...

LYSCA.

Oui, dans le corridor,... qu'elle était gentille, très gentille, et que le jour où elle voudrait, elle aussi, avoir une femme de chambre...

BISCARA.

J'ai dit ça, moi!...

LYSCA.

Vous l'avez dit, elle me l'a répété. Est-ce que c'était sérieux?

BISCARA, en riant.

Ce n'était pas sérieux du tout !...

LYSCA, s'oubliant, avec sa voix naturelle.

Vraiment?

BISCARA.

Hein?

LYSCA, reprenant son rôle.

Rien! rien !

BISCARA, se levant.

Comment pouvez-vous supposer... une femme qui reçoit des militaires.

LYSCA, s'oubliant de nouveau, avec éclat.

Ça n'est pas vrai!

BISCARA.

Hein !

LYSCA, reprenant son rôle.

Quelle heure est-il, mon ami?

BISCARA.

Ah! mais... ah! mais...

LYSCA.

Je vous en prie...

BISCARA, allant consulter sa montre près de la lampe.

Huit heures vingt-sept!

LYSCA, à part.

Le quart d'heure y est. (Haut.) Vous pouvez relever les lampes... oui, oui, toutes les deux, (Biscara relève les lampes. — Jour à la rampe.) et vous pouvez aussi me regarder.

Elle a retiré la dentelle et la robe de chambre.

BISCARA.

Lysca! Et votre maîtresse?

LYSCA.

Partie, ma maîtresse, envolée!

BISCARA.

Patatras!... Écoutez-moi, Lysca... Je n'ai pas le temps maintenant, parce qu'il faut que je coure au théâtre... mais ce que je vous ai dit tout à l'heure... que ce que je vous avais dit dans le corridor n'était pas sérieux, c'est parce que je ne savais pas que c'était vous... Si j'avais su... c'était très sérieux, au contraire, je vous assure que c'était très sérieux!...

*Il sort en courant par le fond.*

# SCÈNE IX

## LYSCA, puis UN MILITAIRE.

LYSCA, seule.

Je vous demande un peu, aller dire que je reçois des militaires... Si ç'avait été madame, pourtant. (Elle a ouvert la porte de gauche.) Venez!

*Entre un militaire.*

LE MILITAIRE *.

On peut!

LYSCA, le faisant asseoir près du canapé.

Oui, nous sommes seuls, asseyez-vous là et lisez-moi le

* Le militaire, Lysca.

feuilleton. (Lysca s'installe sur le canapé. — Le militaire ouvre le journal.) Eh bien?...

LE MILITAIRE, lisant.

« Nana était couchée. » (S'interrompant.) Oh!..

Le militaire scandalisé s'arrête... Lysca lui fait signe de continuer: — Le rideau tombe.

# ACTE CINQUIÈME

Un décor de jardin placé à l'envers. — Un banc de gazon à gauche. — La toile du fond représente la salle pleine de spectateurs. — La rampe est allumée. — On voit le souffleur dans le trou, le chef d'orchestre à son pupitre, les musiciens à l'orchestre, etc., etc. — L'aspect de ce décor doit être semblable à celui qui se présenterait aux yeux si, placé au fond de la scène, on regardait la salle un jour de représentation.

---

## SCÈNE PREMIÈRE

BROCART, JULIETTE, en costumes bretons, tous les deux vus de dos; ils chantent un couplet final au public qui est représenté sur la toile du fond.

> Ce qui serait fort beau,
> C'est que chacun pût dire
> Qu'on ne peut voir sans rire
> Ce l'ver d' rideau.

Ils saluent, et le rideau tombe, pas le vrai rideau bien entendu, celui qui est au lointain.

## SCÈNE II

### Les Mêmes, LE RÉGISSEUR, AMANDINE, LÉONIE.

Les machinistes commencent à poser le décor. — Entrent par la droite
Léonie et Amandine.

#### LE RÉGISSEUR.

La petite pièce est finie... Vite... vite... le décor pour le
premier acte... vite... vite... va t'habiller, Brocard, va t'habiller. (Entrent Amandine et Léonie.) Ah! vous voilà, vous...

Brocard sort.

#### LÉONIE *.

Vous voyez bien que nous ne sommes pas en retard.

#### AMANDINE.

La débutante... où est la débutante?...

#### LE RÉGISSEUR.

Dans sa loge... avec sa noce... le mari, les témoins, les
demoiselles d'honneur. Ils sont tous là dedans, avec le coif-
feur, l'habilleuse et aussi le vicomte de Champ-d'Azur.

#### AMANDINE.

Déjà.

#### LE RÉGISSEUR.

Je me demande comment ils peuvent tous tenir. (Au machiniste.) Vite... vite... vite!...

Il sort. — Amandine et Léonie remontent et vont regarder par
le trou de la toile. — On entend à gauche la voix d'Escarbonnier.

* Le régisseur, Léonie, Amandine.

# SCÈNE III

Les Mêmes, ESCARBONNIER, MONDÉSIR,
puis BISCARA et MADAME CAPITAINE.

ESCARBONNIER, entrant poussé par Mondésir *.

Monsieur le directeur... Pardonnez-moi, monsieur le directeur, mais vraiment vous semblez oublier une chose.

MONDÉSIR.

Quelle chose, monsieur?...

ESCARBONNIER.

Vous semblez oublier que vous parlez à un personnage considérable.

MONDÉSIR.

Justement... en qualité de personnage considérable vous tenez de la place, c'est pour ça qu'il m'est impossible de vous garder dans la loge de la débutante.

ESCARBONNIER.

Mais enfin, monsieur...

MONDÉSIR.

Cherchez le régisseur et dites-lui de vous faire passer dans la salle. (Entre Biscara.) Ah! Biscara! **

* Mondésir, Escarbonnier.
** Escarbounier, Mondésir, Biscara.

BISCARA.

Je viens de chez Anita.

MONDÉSIR.

Eh bien?

BISCARA.

Envolée... disparue!... Prenez garde, elle est évidemment
en train de monter une cabale contre la débutante...

MONDÉSIR.

Une cabale... Eh! eh!... une petite cabale ne me déplai-
rait pas.

BISCARA.

Ah! si vous le prenez comme ça...

MONDÉSIR.

Il faut tirer parti de tout, mon cher... Voyez donc demain dans tous les journaux cette petite note : « Une odieuse
cabale a vainement tenté... mais l'indignation publique a
fait justice... »

Entre par la gauche madame Capitaine.

MADAME CAPITAINE [*].

Monsieur le directeur!... monsieur le directeur!

MONDÉSIR.

Qu'est-ce qu'il y a?

MADAME CAPITAINE.

Il y a que le mari ne cesse d'embrasser sa femme et qu'en
l'embrassant il la décoiffe.

* Escarbonnier, madame Capitaine, Mondésir, Biscara.

MONDÉSIR.

Comment, il ne cesse de l'embrasser, mais il n'a pas le droit... sa femme a signé un engagement, il n'a pas le droit. (Trouvant Escarbonnier sur son chemin et le bousculant.) Otez-vous donc de là, vous êtes toujours dans mes jambes.

Il sort par la gauche avec madame Capitaine.

## SCÈNE IV

### LES MÊMES, moins MONDÉSIR et MADAME CAPITAINE.

Pendant la scène précédente, Amandine et Léonie ont quitté la toile du fond. Elles entourent Biscara; elles lui montrent Escarbonnier; elles lui demandent qui est ce monsieur, etc.

ESCARBONNIER *.

Un pareil manque d'égards!... c'est à se demander si c'est bien moi que l'on appelle M. le comte.

BISCARA, saluant.

Monsieur?...

ESCARBONNIER.

Monsieur...

BISCARA.

Il ne faut pas en vouloir au directeur, monsieur, il est fort occupé, mais voici ces demoiselles...

ESCARBONNIER.

Ces demoiselles...

BISCARA.

Amandine, monsieur, Amandine et Léonie. Elles sont gen-

* Escarbonnier, Biscara, Amandine, Léonie.

tilles, n'est-ce pas? elles sont très gentilles... Et elles ne demandent pas mieux que de vous tenir compagnie jusqu'à ce que le régisseur vous ait trouvé une place.

ESCARBONNIER.

Puisse-t-il ne jamais m'en trouver de place, le régisseur.

BISCARA.

Mesdemoiselles je vous laisse avec M. le comte Escarbonnier.

LES DEUX FEMMES, saluant.

Monsieur le comte.

ESCARBONNIER.

A la bonne heure!

BISCARA.

Et je vais, moi, voir si la couronne est arrivée. Hein! qu'elles sont gentilles! (Bas.) Allez-y... vous pouvez y aller.

Il sort par la droite.

# SCÈNE V

## AMANDINE, LÉONIE, ESCARBONNIER.

AMANDINE *.

Quelques instants de conversation, voulez-vous?

ESCARBONNIER, lui prenant la taille.

Je veux bien...

AMANDINE.

Des libertés!

* Amandine, Escarbonnier, Léonie.

ESCARBONNIER.

Je croyais... (A part.) Qu'est-ce qu'il disait donc...

AMANDINE.

Pas maintenant; tout à l'heure.

ESCARBONNIER.

Ah !

LÉONIE.

Savez-vous ce qui nous plaît en vous?

ESCARBONNIER.

Ce qui vous plaît en moi?

LÉONIE.

Oui, le savez-vous?

ESCARBONNIER.

Non...

AMANDINE.

Devinez.

ESCARBONNIER.

Il faut que je devine?

LÉONIE.

Oui.

ESCARBONNIER, voulant encore prendre la taille.

J'aimerais mieux...

LÉONIE.

Tout à l'heure, on vous a dit... quand vous aurez deviné.

ESCARBONNIER.

Ah! il faut d'abord...

LÉONIE.

Oui.

7

ESCARBONNIER.

Ce qui vous plaît en moi... dans ma personne?

AMANDINE.

Oui.

ESCARBONNIER.

C'est difficile de trouver...

AMANDINE.

Cherchez.

ESCARBONNIER.

Non... ça ne peut pas être... certainement je ne suis pas épouvantable, il s'en faut... (Montrant sa figure.) Mais enfin, ça ne peut pas être...

LÉONIE.

Non, ça n'est pas ça...

ESCARBONNIER.

Mon titre?

AMANDINE.

Quel titre?

ESCARBONNIER.

On m'appelle M. le comte.

LÉONIE.

Ce n'est pas ça...

ESCARBONNIER.

Ma fortune?

TOUTES LES DEUX, allant vivement à lui.

Vous êtes riche?

ESCARBONNIER.

Une modeste opulence.

AMANDINE.

Ce n'est pas ça, non plus.

ESCARBONNIER.

Pas ça non plus?

LÉONIE.

Non!

ESCARBONNIER.

Qu'est-ce que ça peut être, alors?

LÉONIE.

Cherchez, on vous dit...

ESCARBONNIER.

J'ai beau chercher... Je ne trouve pas...

AMANDINE.

Vous ne trouvez pas, bien sûr... Vous ne trouvez pas ce qui a pu nous plaire en vous?

ESCARBONNIER.

Non.

LÉONIE.

Eh bien, ça ne nous étonne pas.

ESCARBONNIER.

Vous dites?

LÉONIE.

Car nous avons beau le chercher toutes les deux, nous ne le trouvons pas davantage.

*Elles rient.*

ESCARBONNIER.

Oh! mesdemoiselles... (A part.) Si c'est une farce... je ne la trouve pas très drôle...

*Entre le régisseur.*

10

LE RÉGISSEUR *.

Qu'est-ce que vous faites là, vous autres? qu'est-ce que c'est que ce monsieur?

LÉONIE.

Ce monsieur?...

LE RÉGISSEUR.

Eh bien! oui, ce monsieur.

AMANDINE.

Est-ce que je sais, moi? Je ne    le connais pas, ce monsieur.

LÉONIE.

Moi non plus...

AMANDINE.

C'est un monsieur qui s'est trouvé là, par hasard.

LÉONIE.

Et qui nous a dit des choses!... oh! mais des choses!...

AMANDINE.

Des choses qui nous ont fait rougir!...

LE RÉGISSEUR.

Oh!

ESCARBONNIER.

Monsieur... je vous en prie... Ne les croyez pas, monsieur...

LÉONIE.

On ne devrait vraiment pas laisser entrer dans les coulisses... (A Escarbonnier.) Oh! le vilain homme!

AMANDINE.

Est-il possible, à votre âge...

* Escarbonnier, le régisseur, Amandine, Léonie.

AMANDINE et LÉONIE.

IIou ! hou !

Les deux femmes sortent en riant par la droite.


# SCÈNE VI

## ESCARBONNIER, LE RÉGISSEUR.

LE RÉGISSEUR *.

Qu'est-ce que vous leur avez dit?

ESCARBONNIER.

Monsieur...

LE RÉGISSEUR.

Des choses qui les ont fait rougir?... Je suis vraiment curieux...

ESCARBONNIER.

Monsieur, ne les croyez pas... Je ne leur ai rien dit du tout... ce sont ces demoiselles, au contraire...

LE RÉGISSEUR.

Ah ! bon... c'est une farce... Elles se sont fichues de vous... Elles ont eu raison. Qu'est-ce que vous faites là, dans les coulisses?...

ESCARBONNIER.

Plaît-il?

LE RÉGISSEUR.

Je vous demande ce que vous faites ici... vous n'entendez pas?...

* Escarbonnie., 'e régisseur.

ESCARBONNIER.

Si fait, j'entends bien... mais c'est que vous passez d'une
idée à l'autre avec une rapidité...

LE RÉGISSEUR.

C'est parce que je suis pressé... Répondez-moi tout de
suite... qu'est-ce que vous faites là?... comment êtes-vous
entré?...

ESCARBONNIER.

Je suis de la noce.

LE RÉGISSEUR.

De la noce de la débutante ? Vous êtes le père?

ESCARBONNIER, à part.

Ils ont la rage de me prendre pour le père!... (Haut.) Non,
je ne suis pas le père... Je suis un des témoins... le plus
considérable, sans aucun doute...

LE RÉGISSEUR.

Pourquoi êtes-vous sorti de la loge?... On avait fourré toute
la noce dans la loge... Pourquoi en êtes-vous sorti?

ESCARBONNIER.

Parce qu'on m'en a fait... parce qu'on m'a prié d'en sortir.

LE RÉGISSEUR.

Qui ça?

ESCARBONNIER.

M. le directeur... il m'a dit de m'adresser au régisseur, et que celui-ci me trouverait une place dans la salle.

LE RÉGISSEUR.

C'est moi, le régisseur... pourquoi ne me dites-vous pas
tout de suite?...

ESCARBONNIER.

J'ignorais...

LE RÉGISSEUR.

Allons, venez... Je vais tâcher de vous trouver un coin.

ESCARBONNIER, blessé.

Un coin !

LE RÉGISSEUR.

Eh bien, oui, un coin... qu'est-ce que vous vous figurez ? Que je vais vous faire ouvrir la grande avant-scène...

ESCARBONNIER.

Je ne vous en veux pas... je ne peux pas vous en vouloir... Vous ne savez pas à qui vous parlez...

LE RÉGISSEUR.

A qui est-ce que je parle ?

ESCARBONNIER.

Je suis le comte Escarbonnier.

LE RÉGISSEUR.

M. le comte Escarbonnier!... c'est vous?

ESCARBONNIER.

C'est moi.

LE RÉGISSEUR.

Je connais votre femme!

ESCARBONNIER.

Hé?

LE RÉGISSEUR.

Oui. Je n'ai pas toujours été régisseur; j'ai joué les *Pirates de la Savane* à Toulouse... au théâtre du Capitole... le rôle de Tolobas... Or, un soir que je jouais les *Pirates de la Savane* à Toulouse, votre femme qui passait par là... Venez, je vais vous trouver une place, une bonne place...

ESCARBONNIER, à part en sortant.

La malheureuse!... Tolobas!... (Haut.) Est-ce qu'elle vous a parlé de moi, ma femme?

LE RÉGISSEUR.

Non, non... jamais.

Ils sortent par la gauche. Entrent par la droite Mondésir, Marasquin et les quatre petites Marasquin.

# SCÈNE VII

## MONDÉSIR, MARASQUIN, BERTHE, AMÉLIE, PAULINE, MARGUERITE, puis MADAME CAPITAINE.

MONDÉSIR, poussant devant lui les petites Marasquin.

Allons, mesdemoiselles...

MARASQUIN, suivant Mondésir.

Mais enfin, monsieur...

Les demoiselles entrent en courant, ravies de se trouver dans les coulisses d'un théâtre. — Berthe et Amélie vont regarder au fond par les deux trous de la toile. — Pauline s'empare d'un caducée placé sur un tabouret dans les coulisses.

MONDÉSIR *.

Il n'y a pas de mais enfin, monsieur... je ne peux pas vous garder dans la loge de la débutante... vous avez une famille trop nombreuse .. Dites au régisseur de vous placer dans la salle.

MARASQUIN, cherchant à rassembler ses filles.

Où est-il le régisseur?

* Mondésir, Marasquin, les demoiselles.

MONDÉSIR, reprenant le caducée à Marasquin qui vient de le
reprendre à Pauline.

Est-ce que je sais, moi.

Entre par la gauche madame Capitaine.

MADAME CAPITAINE *.

Monsieur le directeur!

MONDÉSIR.

Qu'est-ce qu'il y a encore?...

MADAME CAPITAINE.

C'est le mari... Il continue à embrasser sa femme...

MONDÉSIR.

Ah çà! mais... je ne peux donc pas m'éloigner un instant!
voulez-vous bien vous tenir tranquille, vous là-bas, voulez-
vous bien.:.

Il sort par la gauche avec madame Capitaine.

# SCÈNE VIII

## MARASQUIN, BERTHE, AMÉLIE, PAULINE, MARGUERITE.

BERTHE, regardant par un trou de la toile **.

Ah! qu'il est gentil celui-là, à gauche!

AMÉLIE, même jeu à l'autre trou.

Et celui-là, à droite!

LES DEUX AUTRES.

Oh! laissez-nous voir...

* Madame Capitaine, Mondésir, Marasquin, les demoiselles.
** Berthe, Marguerite, Marasquin, Amélie, Pauline.

MARASQUIN.

Voulez-vous bien vous taire! (A un machiniste qui passe.) Monsieur... nous sommes de la noce, monsieur... Mes filles et moi, nous sommes de la noce, et M. le directeur vient d'avoir la bonté... Pourriez-vous me dire où je trouverais le régisseur?

LE MACHINISTE.

Il est dans la salle... Venez avec moi, je vais vous faire passer.

Il se dirige vers la gauche.

MARASQUIN *.

Monsieur, je vous prie... le temps seulement d'adresser quelques mots à mes quatre filles... Venez ici, mesdemoiselles...

LES QUATRE DEMOISELLES, descendant et se mettant en ligne **.

Voilà, papa, voilà.

MARASQUIN.

Je vais être obligé de vous laisser seules pendant une ou deux minutes...

LES QUATRE DEMOISELLES, enchantées.

Bien, papa.

MARASQUIN.

Vous serez bien sages?...

LES QUATRE DEMOISELLES.

Oui, papa.

* Le machiniste, Marasquin, les demoiselles.
** Le machiniste, Marasquin, Berthe, Amélie, Marguerite, Pauline.

MARASQUIN.

Savez-vous ce qu'il faudra faire si l'on se permet de vous
adresser la parole?

BERTHE.

Nous ne sommes pas des bêtes, papa, et nous tâcherons,
de bien répondre.

MARASQUIN.

Mais non, mais non. Il ne faudra pas répondre, au contraire.

LES QUATRE DEMOISELLES.

Pourquoi ça?

MARASQUIN.

Parce que c'est plus convenable... Vous resterez là en
rang, toutes les quatre... Et jusqu'à ce que je revienne vous
chercher, vous ne direz pas un mot, vous ne ferez pas un
mouvement.

LES QUATRE DEMOISELLES, tristement.

Bien, papa.

MARASQUIN.

C'est entendu?

LES QUATRE DEMOISELLES.

Oui, papa.

MARASQUIN.

A tout à l'heure, mes enfants.

LES QUATRE DEMOISELLES.

A tout à l'heure, papa.

MARASQUIN, au machiniste.

Monsieur, je vous demande pardon... mais peut-être êtes-vous père... si vous êtes père. vous me comprendrez.

Il sort par la gauche avec le machiniste. — Les quatre petites Marasquin restent sur le devant de la scène, gênées, embarrassées. Entre Biscara par la gauche.


# SCÈNE IX


## BERTHE, AMÉLIE, PAULINE, MARGUERITE, BISCARA.


BISCARA, parlant à un machiniste qui tient une immense couronne *.

Vous avez bien compris... c'est pour le chef d'orchestre... il placera ça sous son pupitre, de façon à ce que ça ne s'aperçoive pas, et quand le moment sera venu...

LE MACHINISTE.

N'ayez pas peur, la Bisque...

BISCARA, stupéfait.

Comment! même les machinistes!... (Le machiniste sort. — Biscara aperçoit les quatre demoiselles Marasquin **.) Qu'est-ce que c'est que ça?... Tiens, mais ce sont les quatre demoiselles que j'ai eu le plaisir de voir ce matin à la mairie... n'est-ce

* Les demoiselles, Biscara, le machiniste.
** Berthe, Amélie, Marguerite, Pauline, Biscara.

pas, mesdemoiselles, vous êtes bien les quatre demoiselles
que j'ai eu le plaisir?... (Jeu de scène à chaque phrase de Biscara;
les quatre petites Marasquin se consultant du regard, riant, etc...
mais ne répondant pas.) Sont-elles gentilles!... hé!... comme
elles sont gentilles!... Elles ne parlent pas beaucoup, mais
ça ne fait rien, elles sont gentilles. Pourquoi ne parlez-vous
pas... hé? Non, vous ne voulez pas... répondez par un geste,
au moins... Savez-vous ce que vous feriez, si vous vouliez
être encore plus gentilles que vous n'êtes? vous viendriez
dîner avec moi, toutes les quatre... Hé? non? vous tenez à
ce que j'invite papa... Eh bien, c'est entendu, j'inviterai
papa.

> Les quatre petites Marasquin sautent de joie, mais elles se re-
> mettent en ligne et reprennent un air sérieux en entendant la
> voix de leur père.

## SCÈNE X

LES MÊMES, MARASQUIN, revenant par la gauche. — On
entend sa voix avant qu'il paraisse, puis ESCARBONNIER,
LE RÉGISSEUR.

MARASQUIN, dans la coulisse.

Ne répondez pas... N'oubliez pas ce que je vous ai dit...

LES QUATRE DEMOISELLES.

Ah! papa!

MARASQUIN, entrant *.

Ne répondez pas... (A Biscara.) Vous leur avez adressé la
parole, n'est-ce pas, monsieur?

BISCARA.

En effet...

MARASQUIN.

Et elles ne vous ont pas répondu?

* Marasquin, Berthe, Amélie, Marguerite, Pauline, Biscara,

LES QUATRE DEMOISELLES.

Rien du tout, papa, rien du tout...

MARASQUIN.

C'est admirable!... Embrassez-moi, mes enfants. (Elles l'embrassent. — Biscara à son tour ouvre les bras aux petites Marasquin qui se précipitent pour l'embrasser lui aussi. — Marasquin arrachant ses filles des bras de Biscara.) Non, non, pas vous!

Ils remontent à gauche. — Entrent par la droite, Escarbonnier et le régisseur.

ESCARBONNIER, au régisseur *.

Avec tout ca, vous m'avez promené dans toute la salle et vous n'avez pas pu me donner de place.

LE RÉGISSEUR, lui désignant le deuxième plan de droite.

Tenez, là... derrière ce décor. Vous serez très bien... voulez-vous un coussin?...

ESCARBONNIER.

Je vous remercie...

LE RÉGISSEUR, avec affectation en installant Escarbonnier derrière le décor.

Tout ce que vous voudrez, vous, vous savez... tout ce que vous voudrez.

ESCARBONNIER.

Vraiment... elle ne vous a jamais parlé de moi, ma femme?

LE RÉGISSEUR.

Jamais de la vie!

Escarbonnier entre dans la coulisse.

MARASQUIN, au régisseur.

Eh bien... Et nous?...

* Les demoiselles, Biscara, Marasquin, formant un groupe à gauche, le régisseur, Escarbonnier à droite.

LE RÉGISSEUR, désignant le deuxième plan de gauche.

En face, vous, derrière l'autre décor... vous serez peut-être un peu gênés...

MARASQUIN, à Biscara.

Je le regrette, car sans cela je me serais fait un vrai plaisir de vous offrir une place.

BISCARA.

J'accepte. Sont-elles gentilles!... hé? Sont-elles assez gentilles!...

> Pendant que le régisseur installe Marasquin, les quatre jeunes filles et Biscara derrière le décor de gauche, entrent par le premier plan du même côté, Lamberthier et Mondésir.

# SCÈNE XI

**LAMBERTHIER, MONDÉSIR, puis LE RÉGISSEUR.**

LAMBERTHIER, amené violemment en scène par Mondésir.

Non, monsieur, non... vous n'avez pas le droit de me faire sortir de la loge.

MONDÉSIR.

Si fait, monsieur... si fait...

LAMBERTHIER.

Non, monsieur... je suis le mari, moi, je suis le mari... Nina est ma femme!...

MONDÉSIR.

Elle est ma pensionnaire... et, si vous êtes le mari, je suis le directeur, l'un vaut bien l'autre, il me semble.

Mondésir, Lamberthier.

11

LAMBERTHIER, se révoltant.

Monsieur!...

MONDÉSIR.

Eh bien, monsieur!...

LAMBERTHIER.

Laissez-moi rentrer...

MONDÉSIR, l'arrêtant.

Non, monsieur.

LAMBERTHIER.

Il y a dans le traité de Nina que son mari a le droit d'entrer dans sa loge...

MONDÉSIR.

A la condition de ne pas s'y conduire d'une façon inconvenante.

LAMBERTHIER.

Inconvenante, monsieur!...

MONDÉSIR.

Oui, monsieur... inconvenante.

LAMBERTHIER.

Qu'est-ce que j'ai donc fait, monsieur... dites-moi un peu ce que j'ai fait d'inconvenant?

MONDÉSIR.

Vous l'embrassez tout le temps, votre femme.

LAMBERTHIER.

Eh bien, monsieur...

MONDÉSIR.

Ça gêne le service... Et puis vous lui parlez tout bas... ça l'empêche de repasser son rôle... Et puis, quand les ha-

billeuses l'ont emmenée dans le petit salon pour lui mettre
son costume, vous avez voulu vous élancer...

LAMBERTHIER.

Mais certainement, j'ai voulu m'élancer... Je me mépri-
serais moi-même si je n'avais pas voulu m'élancer... Elle est
ma femme, monsieur, et elle ne l'est que depuis ce matin...
Je l'aime, je l'adore!...

Il veut s'élancer vers la gauche.

MONDÉSIR, le ramenant violemment à droite.

C'est possible..., mais, moi, je lui donne deux cent cinquante francs par soirée...

LAMBERTHIER.

Un mariage que vous avez fait vous-même!!

MONDÉSIR.

A mon grand regret, croyez-le bien. (L'arrêtant.) Eh bien,
eh bien, où allez-vous?

LAMBERTHIER.

Je veux rentrer là.

MONDÉSIR.

Non, vous ne rentrerez pas... quand je devrais employer
la violence...

LAMBERTHIER.

Mais enfin, qu'est-ce que vous comptez faire de moi?

MONDÉSIR.

Vous n'auriez pas une course à faire quelque part... un
peu loin..., vous prendriez le tramway.

LAMBERTHIER.

Par exemple!

MONDÉSIR.

Allons... C'est bon... ne vous fâchez pas... on va tâcher

de vous trouver une place dans la salle. (Au régisseur qui passe *.) Vous n'avez pas une place à donner à monsieur?

LE RÉGISSEUR.

Une place pour monsieur?

MONDÉSIR.

Oui.

LE RÉGISSEUR.

Certainement non, je n'ai pas une place à donner à monsieur. La salle est comble...

MONDÉSIR.

C'est ça qui devrait vous faire plaisir, car enfin c'est votre femme.

LE RÉGISSEUR.

Ah! c'est monsieur qui est...

MONDÉSIR.

Oui, c'est monsieur qui est le mari...

LE RÉGISSEUR.

Mes compliments, monsieur... vous avez là une femme qui fera parler de vous.

MONDÉSIR.

Et il se gendarme... Il se fâche parce que je l'empêche d'embrasser sa femme.

LE RÉGISSEUR.

Il n'a pas encore l'habitude..., mais ça lui viendra, ça lui viendra. (Tirant sa montre.) Nous allons commencer, n'est-ce pas?

LAMBERTHIER.

Non, monsieur, ça ne me viendra pas!... et je veux...

Il veut s'élancer.

* Mondésir, le régisseur, Lamberthier.

MONDÉSIR *.

Vous ne sortirez pas! (Au régisseur.) Qu'est-ce que nous pourrions bien en faire?

LE RÉGISSEUR.

Mais... je ne vois que votre loge...

MONDÉSIR.

Mon avant-scène... vous avez raison. (A Lamberthier.) Écoutez, mon ami, je vais vous faire donner une place excellente dans ma loge. (Au régisseur.) Ouvrez la porte de communication à monsieur, et fourrez-le... faites-le entrer dans l'avant-scène numéro un.

LE RÉGISSEUR, à Lamberthier **.

Venez, monsieur.

LAMBERTHIER.

Pas du tout, pas du tout. Je n'irai pas dans l'avant-scène... je veux rester ici.

MONDÉSIR.

Je vous en prie, monsieur. (Des musiciens avec leurs instruments, passent au fond pour se rendre à l'orchestre.) Voici les musiciens, on va commencer l'ouverture... Je vous en prie.

LE RÉGISSEUR.

Ne faites donc pas l'enfant!

Paraît Escarbonnier.

* Le régisseur, Mondésir, Lamberthier.
** Mondésir, le régisseur, Lamberthier.

# SCÈNE XII

### Les Mêmes, ESCARBONNIER.

ESCARBONNIER, sortant de la coulisse, à Mondésir [*].

Voulez-vous me permettre de prononcer quelques paroles?

MONDÉSIR.

Allez !

ESCARBONNIER, à Lamberthier [**].

Venez ici, mon petit, on vous a dit d'aller dans l'avant-scène numéro un. Pourquoi n'y allez-vous pas?...

LAMBERTHIER.

Mais, dame... parce que j'aime mieux...

ESCARBONNIER.

Allez-y donc, mon petit. (A Mondésir.) Vous voyez comme je prends bien le ton. (A Lamberthier.) Allez-y, vous me ferez plaisir.

TOUS.

Allez dans l'avant-scène, monsieur Lamberthier.

LAMBERTHIER.

Eh bien, non ! je n'irai pas !

ESCARBONNIER.

Vous n'irez pas?... (A Mondésir.) Vous avez des machinistes?

MONDÉSIR, lui montrant deux machinistes qui causent au fond.

Tenez!

[*] Mondésir, Escarbonnier, le régisseur, Lamberthier.
[**] Mondésir, Escarbonnier, Lamberthier, le régisseur.

ESCARBONNIER.

C'est très bien. (Aux machinistes.) Messieurs les machinistes, ayez la bonté d'enlever monsieur.

Les machinistes regardent Mondésir.

LAMBERTHIER.

Comment, enlever?

MONDÉSIR.

Oui, oui, l'idée est excellente, enlevez monsieur, et fourrez-le dans l'avant-scène; quand il y sera, vous aurez soin de fermer la porte à double tour... à double tour, vous entendez.

Les machinistes emportent, par le fond à droite, Lamberthier qui se débat.

ESCARBONNIER *.

Vous avez vu comme j'ai tout de suite su prendre le ton...

MONDÉSIR.

Mille remerciements, monsieur.

LE RÉGISSEUR.

Le fait est que vous avez eu là une idée...

ESCARBONNIER.

L'habitude du commandement. Est-ce que vous m'avez vu parler à la foule?

LE RÉGISSEUR.

Non.

ESCARBONNIER.

Ça ne m'étonne pas, l'occasion ne s'étant pas encore présentée. Je voudrais qu'elle se présentât... La foule serait là, je serais ici, moi... je m'avancerais... je prononcerais quelques paroles...

* Le régisseur, Escarbonnier, Mondésir.

MONDÉSIR.

Et?

ESCARBONNIER.

Et puis, plus rien, plus de foule... elle aurait disparu...
Psst!...

MONDÉSIR.

Ah! bien non, ça ne m'irait pas, à moi, ça ne m'irait pas.

ESCARBONNIER.

Comment?

LE RÉGISSEUR.

Non... Il est directeur du théâtre.

MONDÉSIR.

Alors, vous comprenez, quelqu'un qui, avec un mot, ferait
disparaître la foule, psst!...

ESCARBONNIER.

Je comprends... vous êtes badin... Je suis familier, moi,...
et vous, vous êtes badin... une question, mon cher, com-
mencera-t-on bientôt?

MONDÉSIR.

Dans cinq minutes. (Au régisseur.) A-t-on prévenu la débutante?

LE RÉGISSEUR.

Je vais la prévenir.

Il sort à gauche.

ESCARBONNIER.

C'est que je suis seul dans ma loge, et alors...

MONDÉSIR.

Vous vous ennuyez... n'ayez pas peur, je trouverai bien
un moyen de vous envoyer quelqu'un.

ESCARBONNIER.

S'il y avait l'une des deux petites actrices qui étaient là, tout à l'heure...

MONDÉSIR.

Eh! là, mon gros! c'est vous qui devenez badin...

ESCARBONNIER, riant.

Et c'est vous qui devenez familier!

MONDÉSIR.

Allons, rentrez dans votre loge.

ESCARBONNIER.

Je rentre... mais envoyez-moi une des petites...

Il entre dans la coulisse.

MONDÉSIR, regardant à gauche.

Ah! voici la débutante.

Il remonte au fond avec le régisseur. — Entre par la gauche, Nina, costumée, et suivie par le vicomte qui tient une brochure à la main, et madame Capitaine.


# SCÈNE XIII


Les Mêmes, NINA, LE VICOMTE,
MADAME CAPITAINE, ESCARBONNIER.


NINA, répétant son rôle *.

« Tu dis que tu m'aimes, Almanzor... » (Au vicomte ) Allez donc... si vous ne me donnez pas mieux la réplique, jamais je ne saurai... « Tu dis que tu m'aimes, Almanzor... » Allez donc... allez donc...

* Madame Capitaine, le vicomte, Nina, Mondésir, le régisseur au fond.

LE VICOMTE, lisant.

« Si je t'aime... »

Elle s'assied avec le vicomte sur le banc de gazon à gauche.

MONDÉSIR, à madame Capitaine *.

Venez avec moi, vous, vous devez avoir envie de voir la comédie, je vais vous donner une bonne place.

MADAME CAPITAINE.

J'allais vous la demander.

Mondésir frappe sur le décor derrière lequel est Escarbonnier, ce-lui-ci passe sa tête.

MONDÉSIR **.

Vous m'avez dit que cela vous ennuyait d'être seul?

ESCARBONNIER

En effet... j'ai même ajouté que s'il y avait là l'une des petites actrices...

MONDÉSIR.

Non, il n'y a pas là l'une des petites actrices... (Montrant madame Capitaine.) mais il y a madame...

ESCARBONNIER, faisant la grimace.

Ah!... Toutes réflexions faites, je ne suis pas mal tout seul...

MONDÉSIR.

Il y a madame, qui sera enchantée d'accepter une place.

MADAME CAPITAINE.

Je crois bien que je serai enchantée... à côté de M. le comte Escarbonnier, moi, pendant tout un soir... Ah!...

Elle entre dans la coulisse.

* Nina, le vicomte, madame Capitaine, Mondésir.
** Nina, le vicomte, madame Capitaine, Mondésir, Escarbonnier.

ESCARBONNIER, à Mondésir.

J'aurais préféré une des petites...

MONDÉSIR.

Voulez-vous bien vous taire... (Le régisseur frappe les trois coups.) On va commencer l'ouverture.

Les musiciens jouent derrière le rideau du fond. — Escarbonnier disparaît. — Entre Biscara par la gauche.

# SCÈNE XIV

## NINA, LE VICOMTE, MONDÉSIR, BISCARA, puis BROCART et LE RÉGISSEUR.

MONDÉSIR, à Biscara.

Eh bien, la Bisque, perdez-vous la tête... vous n'entendez pas que c'est commencé?

BISCARA.

Ah! mon ami, si vous saviez... ces quatre petites... comme elles sont gentilles!... Je vais leur acheter des bonbons.

MONDÉSIR, bas.

Venez avec moi, vous passerez par la salle; je vais, moi, voir l'entrée de la débutante.

BISCARA, en sortant avec Mondésir.

Qu'elle est gentille!... Est-ce qu'on ne pourrait pas l'inviter, dites, en invitant son mari?

Ils sortent par le fond à droite. — Entre, par le premier plan du même côté, Brocart en costume d'Almanzor.

* Nina, le vicomte, Biscara, Mondésir.

BROCART, au régisseur qui passe *.

Eh bien ! tu vois que je suis prêt.

LE RÉGISSEUR.

Il est temps. (A Nina.) Vous savez, mademoiselle, que vous entrez en scène deux·minutes après le lever du rideau... Brocart dit son monologue et vous entrez.

NINA.

Oui, monsieur, je sais.

    Le régisseur sort. — Brocart va regarder au fond par un des trous de la toile, puis après avoir regardé rentre dans la coulisse à droite.


# SCÈNE XV

### NINA, LE VICOMTE.

Toute cette scène est accompagnée par la musique jouée au fond, en sourdine, derrière le théâtre.


NINA, se levant et passant **.

Répétons... répétons...

LE VICOMTE.

Vous voulez ?...

NINA.

Je vous en prie... « Tu dis que tu m'aimes, Almanzor... »

LE VICOMTE, lisant la brochure.

« Si je t'aime ! »

---

* Nina, le vicomte, le régisseur, Brocart.
** Le vicomte, Nina.

NINA.

« Où sont les preuves de ton amour?... »

LE VICOMTE.

« Dans l'armoire. »

NINA.

« Où est la clef de l'armoire? »

LE VICOMTE.

« Au fond du troisième torrent, à main gauche. »

NINA.

« Cela suffit, monseigneur; je vous nomme syndic de ma faillite, sans portefeuille... »

LE VICOMTE.

« Ça m'est bien égal, le portefeuille, mais aurai-je le droit... »

NINA.

« Ah! mon gaillard, tu y tiens au droit de... » (Ne répétant plus.) Dans la brochure, la phrase est soulignée, et l'on m'a dit que ce qui était souligné, c'étaient des mots, avec lesquels il fallait faire de l'effet... « Ah! mon gaillard! tu y tiens au droit de... » Comment faut-il dire ça pour faire de l'effet?... Je ne comprends pas bien...

LE VICOMTE.

Dites-le sans comprendre, Ninette, dites-le avec cet air doux et gentil que vous avez maintenant... et c'est tout justement ce qui fera de l'effet.

LE RÉGISSEUR, d'une coulisse de droite, à Nina.

L'ouverture va finir ; prenez garde!

NINA.

Ah! mon Dieu!... on va lever le rideau, ne me quittez pas,

ne me quittez pas... tenez-moi la main jusqu'à ce que j'entre en scène... Que j'ai peur, mon Dieu!... que j'ai peur!...

> Ils gagnent l'extrême gauche. — En effet, l'ouverture est finie, le rideau se lève. — On aperçoit dans les coulisses, à gauche, Marasquin et ses quatre filles, s'apprêtant à écouter la comédie.— Même jeu à droite par Escarbonnier, madame Capitaine et le régisseur. Brocart-Almanzor entre en scène. On le voit de dos pendant le monologue suivant.

BROCART, au public du fond.

« Quelle situation que la mienne ! Voilà trente-cinq ans
» que je suis enfermé dans cette tour... et Vercingétorix ne
» vient pas à mon secours... Il aura été retenu à déjeuner.
» Qui de 25 paie 4, reste 32, je pose 7 et je retiens... ma
» respiration. Si encore la *Petite Poularde* daignait me
» faire une petite visite... Je l'aime tant ! je l'aime tant !...
» Ah ! c'est elle !... »

LE RÉGISSEUR, à Nina.

A vous, mademoiselle ! c'est à vous !

NINA.

Oui, j'y vais ! (Elle entre en scène *.) « Tu dis que tu m'aimes, Almanzor... »

BROCART.

« Si je t'aime ! »

NINA.

« Où sont les preuves de ton amour ? »

> Ici éclate dans la salle, au fond, un tapage épouvantable, des cris : A la porte ! à la porte ! etc.

LE RÉGISSEUR, à Brocart.

Qu'est-ce qu'il y a ?

BROCART.

C'est le mari !

---

* Nina, Brocart.

## SCÈNE XVI

TOUT LE MONDE.

NINA, au vicomte.

Quel dommage qu'il m'ait interrompue... J'y étais, mon ami, j'y étais !...

MONDÉSIR.

C'est la cabale ! c'est la cabale !

LAMBERTHIER, arrivant par le fond à droite, et escaladant la rampe.

Sortez de scène, madame ! sortez de scène !

MONDÉSIR et LE RÉGISSEUR, criant.

Au rideau !... au rideau !...

On baisse la toile. Tout le monde envahit la scène *.

MONDÉSIR.

Monsieur... monsieur... c'est indigne !

ESCARBONNIER, à Lamberthier.

On ne trouble pas ainsi une représentation !..

MONDÉSIR.

C'est indigne !

LAMBERTHIER.

Ce qui est indigne, c'est le costume de ma femme... Avez-vous vu le costume de ma femme ?

MONDÉSIR.

Il est charmant son costume !

---

* Le vicomte, Nina, Lamberthier, Escarbonnier, madame Capitaine, le régisseur, Brocart, Marasquin et ses filles au-dessus.

ESCARBONNIER.

Il n'est peut être pas assez... Mais ça ne fait rien, il est charmant !

LAMBERTHIER.

Il est indécent !... Sortez de scène, madame. Comment n'avez-vous pas honte...

NINA.

Mon ami...

LAMBERTHIER.

Sortez de scène, ne m'entendez-vous pas ?

NINA.

Ah !

Elle s'évanouit dans les bras de madame Capitaine.

MADAME CAPITAINE.

Il l'a tuée, le monstre !... il l'a tuée!...

On emmène Nina à droite. — Madame Capitaine, Escarbonnier, le vicomte et Brocart l'entourent et lui prodiguent des soins.

MONDÉSIR *.

Vous paierez la recette, monsieur, et le dédit de votre femme.

LAMBERTHIER, se débattant.

Je ne paierai rien du tout, vous entendez... rien du tout, et j'emmènerai ma femme.

MARASQUIN.

Allons, Lamberthier, allons.

BERTHE.

Que vous êtes méchant, monsieur Lamberthier, c'était si amusant la comédie.

* Le régisseur, Marasquin, Berthe, Lamberthier, Mondésir, les trois autres petites Marasquin au-dessus.

LE RÉGISSEUR.

Allons, tout cela n'est rien... Je vais faire une annonce, et si monsieur promet de rester tranquille...

LAMBERTHIER.

Certainement non, je ne promets pas! (Au vicomte *.) Est-ce que vous croyez que je ne vous voyais pas, tout à l'heure? Vous teniez la main de Nina, vous étiez là...

LE VICOMTE.

Pour la rassurer, monsieur, pour la rassurer.

MONDÉSIR, à Lamberthier.

Et puis, vous savez, si vous ne vous tenez pas tranquille, je vous fais mettre à la porte du théâtre... et je trouverai bien moyen de vous empêcher d'y rentrer.

ESCARBONNIER, à Mondésir.

Les machinistes!... Il n'y a que ça... les machinistes!...

LE RÉGISSEUR, à Lamberthier.

Allons, voyons, comme vous rirez plus tard, quand vous vous souviendrez que vous avez fait ce tapage, vous avez une excellente situation, ne la gâtez pas...

Grand bruit au fond, derrière le rideau. Cris de : La toile!... la toile!...

ESCARBONNIER.

La foule... Si vous me permettiez de lui adresser quelques paroles.

MONDÉSIR.

Laissez-moi tranquille, vous...

Il emmène Lamberthier à gauche.

---

* Le régisseur, les Marasquin, Lamberthier, Mondésir, Escarbonnier, Brocart, madame Capitaine, Nina, le vicomte, figurants et machinistes au-dessus.

LE RÉGISSEUR.

Allons, place au théâtre!... je vais faire une annonce...
Place au théâtre ! place au théâtre !

ESCARBONNIER, au régisseur.

Tolobas, laissez-moi parler... Laissez-moi parler à la
foule.

LE RÉGISSEUR, le repoussant à gauche.

Ah ! ne te mêle pas de ça, toi... (Tout le monde sort de scène.)
Au rideau ! (Le rideau se lève. La toile du toile du fond représente
une salle furieuse, montrant des poings, le régisseur s'avance et fait
trois saluts.) Mesdames et messieurs, je comprends votre indignation. (Cris : Oui! oui !) Elle est légitime. (Cris : Oui !
oui !) Mais n'ayez pas peur, la représentation va pouvoir
continuer. (Bravo! bravo!) Elle avait été troublée par un
fou.

LAMBERTHIER, s'élançant.

Qu'est-ce qu'il a dit?

MONDÉSIR, le retenant.

Taisez-vous, ne bougez pas!

LAMBERTHIER, échappant à Mondésir et se précipitant en scène.

Qu'est-ce qu'il a dit? Un fou!... (Bousculant le régisseur et
s'adressant au public du fond.) Je ne suis pas un fou, messieurs.
Je vais vous dire mon histoire et vous me comprendrez...
Je me suis marié ce matin, ma femme m'adorait....

LE RÉGISSEUR, cherchant à le ramener.

Monsieur...

MADAME CAPITAINE, échappant à Brocart qui la retenait à droite,
s'élançant sur la scène et s'adressant au public du fond *.

Ça n'est pas vrai, messieurs, sa femme ne l'adorait pas !

_____
* Lamberthier, Mondésir, le régisseur, madame Capitaine.

MONDÉSIR et LE RÉGISSEUR, criant.

Au rideau ! au rideau !

Le rideau tombe de manière à ce que Lamberthier et madame Capitaine se trouvent pris entre la fausse rampe et le faux rideau. Les autres personnages envahissent la scène. On entend derrière le faux rideau une querelle violente entre madame Capitaine et Lamberthier, et les cris et les rires du public.

MONDÉSIR, se précipitant en scène.

Où sont-ils ? où sont-ils ?

LE RÉGISSEUR.

Là, derrière le rideau.

MONDÉSIR.

Au rideau ! au rideau !... Qu'on les retire de là et qu'on les mette à la porte !

Le rideau se lève. La toile du fond représente une salle que la scène entre madame Capitaine et Lamberthier a mise de bonne humeur, des bouches fendues jusqu'aux oreilles, des gens qui se tiennent les côtes. — Mondésir et le régisseur empoignent madame Capitaine et Lamberthier qui en sont venus aux mains.

ESCARBONNIER, à gauche.

La foule !... l'on ne m'empêchera pas de parler à la foule.

Il s'élance en scène. — Bataille au fond entre madame Capitaine, Lamberthier, Mondésir et le régisseur. Brouhaha terrible. Biscara est entré chargé de bonbons. Les petites Marasquin sautent sur Biscara et prennent les bonbons. Biscara saute sur les petites Marasquin et les embrasse. — Marasquin court après ses filles et cherche à les rassembler, mais elles tombent dans les mains de Brocart qui se met, lui aussi, à les embrasser. Escarbonnier, au fond, parle au public. — Tableau.

MONDÉSIR et LE RÉGISSEUR.

Au rideau ! au rideau !

Le rideau du fond tombe encore. Tumulte et encombrement effroyable en scène. Entrent Amandine et Léonie.

## SCÈNE XVII

LES MÊMES, AMANDINE, LÉONIE, puis ANITA.

AMANDINE, à Mondésir.

Monsieur, il y a là une personne...

LÉONIE.

Qui demande une loge.

MONDÉSIR.

Elle prend bien son moment... Qui est-ce donc?

Entre Anita triomphante.

ANITA *.

C'est moi, mon cher directeur.

MONDÉSIR, BISCARA et LE RÉGISSEUR.

Anita !...

ANITA.

J'ai envie de la voir, moi aussi, j'ai envie de la voir votre débutante de la salle des familles... votre *Petite Poularde* au rabais **.

NINA.

Au rabais !

MONDÉSIR.

Enchanté de vous voir en bonne santé. Vous savez que vous paierez la recette.

* Léonie, Mondésir, Anita.

** Les Marasquin, Biscara, Léonie, Amandine, Escarbonnier, Mondésir, Anita, Lamberthier, Nina, madame Capitaine, Brocart, le vicomte, figurants et machinistes au-dessus.

ANITA.

Je ne paierai rien du tout.

MONDÉSIR, à Nina.

Et vous aussi vous la paierez, ça m'en fera deux... et comme je ne rendrai pas celle que j'ai reçue, ça m'en fera trois.

ESCARBONNIER.

Permettez à la seule personne qui ait gardé son sang-froid...

MONDÉSIR.

Vous aussi vous la paierez, ça m'en fera quatre !
                    Cris derrière la toile : Anita ! Anita !

ANITA.

Vous les entendez.., Ils demandent, ils réclament Anita, leur Anita chérie... et ils sont sincères dans leur enthousiasme. (A part.) Ca m'a coûté plus de cinq cents francs !... (Haut.) Répondez-leur que je me rends à leurs désirs, que je vais jouer.

MONDÉSIR.

Vous jouez ?

ANITA.

Je consens.

MONDÉSIR.

Il fallait donc le dire tout de suite.

MADAME CAPITAINE.

Eh bien ! et nous... et le dédit ?...

LAMBERTHIER.

Oh ! je ne réclame rien, je ne veux rien... J'emmène ma femme... c'est tout ce qu'il me faut.

MARASQUIN.

Vous renoncez au théâtre ?

LAMBERTHIER.

Absolument !

LE VICOMTE

Oh ! vous avez tort.

DISCARA.

Vous faites très bien, au contraire. Je vous ai jaugé, vous n'êtes pas à la hauteur.

LAMBERTHIER.

Et je m'en vante.

ESCARBONNIER.

Toutes les choses se retrouvant ainsi mises à leur place, voulez-vous me permettre de prononcer quelques paroles...

ANITA, allant à lui.

Tiens, mais je vous reconnais, vous, vous êtes le père Escarbonnier.

ESCARBONNIER.

Hé ! je suis le comte Escarbonnier.

ANITA.

Vous ne vous souvenez pas de moi... la petite Nita, la filleule de votre femme ?

ESCARBONNIER.

Comment ! c'était vous ?

ANITA.

Ça me fait plaisir de vous revoir, et si jamais je puis vous être agréable... Vous devez avoir envie de quelque chose ?...

ESCARBONNIER.

J'ai envie d'être directeur de la Société des comptes aléatoires...

ANITA.

Vous serez nommé, je vous en réponds... (A Mondésir.) Là-dessus, faites une annonce, et vous verrez comme le public deviendra gentil, quand il saura que son Anita chérie va lui chanter pour la deux cent soixante-septième fois :

TOUS.

Depuis l'av'nue Friedland
Jusque au pont d' Grenelle,
Son succès était éclatant,
N'y en avait plus qu' pour elle !

FIN

IMPRIMERIE GÉNÉRALE DE CHATILLON-SUR-SEINE, JEANNE ROBERT.